# 金融发展前沿理论与实践研究

陈 婷 著

北京工业大学出版社

图书在版编目（CIP）数据

金融发展前沿理论与实践研究 / 陈婷著. — 北京：北京工业大学出版社，2019.11（2021.5 重印）
ISBN 978-7-5639-7050-6

Ⅰ. ①金… Ⅱ. ①陈… Ⅲ. ①金融学—研究 Ⅳ. ① F830

中国版本图书馆 CIP 数据核字（2019）第 237781 号

金融发展前沿理论与实践研究

著　　者：陈　婷
责任编辑：刘连景
封面设计：点墨轩阁
出版发行：北京工业大学出版社
（北京市朝阳区平乐园 100 号　邮编：100124）
010-67391722（传真）　bgdcbs@sina.com
经销单位：全国各地新华书店
承印单位：三河市明华印务有限公司
开　　本：710 毫米 ×1000 毫米　1/16
印　　张：12.5
字　　数：250 千字
版　　次：2019 年 11 月第 1 版
印　　次：2021 年 5 月第 2 次印刷
标准书号：ISBN 978-7-5639-7050-6
定　　价：56.00 元

# 前　言

金融发展理论认为，经济成功的关键必须依赖金融体系的良好运行，但是中国在制度尚不完善的情况下成为全球经济增长率最高的国家，目前的这种经济增长方式和金融发展模式是否具有长期的可持续性？这是一个值得研究的重大理论问题，也是一个必须不断探索的实践问题。随着经济的不断发展，社会的不断进步，国家对于经济的重视程度逐渐提高。中国金融发展理论及其实践研究逐渐成了一个主要的研究领域，我们可以此来稳定、快速地发展经济以及缩短经济差距，进而使得我国经济快速高效发展。

本书第一章为绪论，主要阐述金融的相关概念界定、金融深化与创新理论等内容；第二章为金融发展理论的演变，主要阐述金融发展理论的历史渊源、形成与发展，金融发展理论的局限性分析与相关学派等内容；第三章为金融发展的理论流派，主要阐述戈德史密斯的金融结构论、麦金农－肖的金融深化理论等内容；第四章为金融发展与经济增长，主要阐述金融发展促进经济增长的渠道与机制、金融发展与经济增长的因果关系等内容；第五章为金融发展与金融抑制，主要阐述金融抑制的经济学解释、金融抑制政策的经济学分析与经济后果等内容；第六章为金融发展与收入分配，主要包括金融发展与收入分配理论概述、金融发展改善收入分配的实证分析等内容；第七章为金融发展中的金融监管，主要阐述金融发展中的政府金融监管与法律框架，有效金融监管的首要条件、基本要求和基本经验等内容；第八章为绿色金融发展的相关实践，主要阐述发展绿色产业基金、建立绿色担保机制等内容；第九章为中国金融业发展历程、表现、经济效应分析与未来战略选择，主要阐述中国金融业政策的发展历程和不均衡表现、中国金融发展的经济效应分析等内容。

本书受到2016年广西高校中青年教师基础能力提升项目（编号：KY2016YB265）和2019年教育部产学合作协同育人项目（编号：201901217017）的资助。

本书共九章约二十万字，由南宁师范大学陈婷撰写。为了确保研究内容的丰富性和多样性，作者在写作过程中参考了大量理论与研究文献，在此向涉及的专家学者们表示衷心的感谢。最后，限于作者水平，加之时间仓促，本书难免存在一些疏漏，恳请读者朋友批评指正！

# 目 录

# 第一章　绪　论

从经济全球化的发展来看，金融的发展越来越快，已经进入了加速发展的阶段。与金融发展相关的理论很多，这些理论是否还能够适应当今时代的发展，还需要进一步的研究和讨论。本章分为金融的相关概念界定、金融深化与创新理论、金融发展的文献综述三部分。主要内容有金融的概念、金融的地位、金融创新理论、金融发展与技术创新关系的研究等。

## 第一节　金融的相关概念界定

### 一、金融的概念

从金融的发展历史来看，金融范畴是由货币范畴和信用范畴的相互渗透而形成的新范畴。因此，金融是货币流通的调节和信用活动的总称。如货币的发行、流通和回笼，存款的吸收和提取，贷款的发放和回收，金银、外汇的买卖，有价证券的发行与转让，保险、信托、国内与国际的货币结算等。但由于金融现象复杂多样而且始终处于发展变化之中，特别是在某些时期会出现超常的、跳跃式的发展，因此对于什么是金融，理论界并没有达成一致意见，而是从不同的视角对金融进行定义。其中比较有代表性的概念界定包括以下几种。

一般货币银行学教科书将金融定义为“货币资金的融通”，即认为金融所涵盖的是融通活动、融通的机构和融通的市场等。

在当今社会，金融活动已经渗透到我们社会生活的方方面面。任何一个社会成员，小到个人、家庭、企业，大到国家、政府与整个国际社会，都离不开金融活动，都会与金融打交道。那么，何谓金融呢？金融从字面上理解，“金”

表示资金，“融”表示融通，金融即资金的融通，是与货币、信用、银行直接有关的经济活动的总称。

金融从狭义上理解，仅指货币融通，也仅指资本市场和资本市场的微观运行机制。广义的金融指与物价有紧密联系的货币流通，银行与非银行金融机构体系，包括货币市场、资本市场、保险系统以及国际金融等领域。它是由诸多部分构成的大系统，既包括微观运行机制，也包括宏观运行机制。金融不只是货币资金的融通，也不只是货币银行的活动。随着市场经济的不断发展，金融的内涵不断深化，在现代社会，金融是一个多维性、多层次的立体系统。金融是指资金的筹集、分配、融通、运用及其管理。凡是有关资金的筹集、分配、融通、运用及其管理的各种活动，都是金融活动。

## 二、金融体系的构成

所谓金融体系，是指在经济体中资金流动的基本框架。金融体系是由资金流动的金融工具、中介机构、交易市场等金融要素组成的综合体。同时，由于金融活动具有一定的外部性，在一定程度上属于准公共产品，所以政府的管制框架也是金融体系中必不可少的组成部分。

金融体系由金融组织体系、金融市场体系和金融调控与监管体系三部分组成。金融组织体系（或金融机构体系）是指提供金融服务与金融产品的金融机构，是现代金融活动的基本载体，如银行类机构、证券类机构、保险类机构、其他金融机构等。金融市场体系是指借助金融工具进行金融交易的各种场所，是一个独立的、特殊的市场体系，如货币市场、资本市场等。金融调控与监管体系是指进行金融交易调节和金融市场维护的中国人民银行和监管部门。金融体系的形成与金融的发展是同步的。金融是商品货币关系发展的必然产物，它随着社会经济和商品货币关系的发展而发展，同时又推动社会经济的进步。

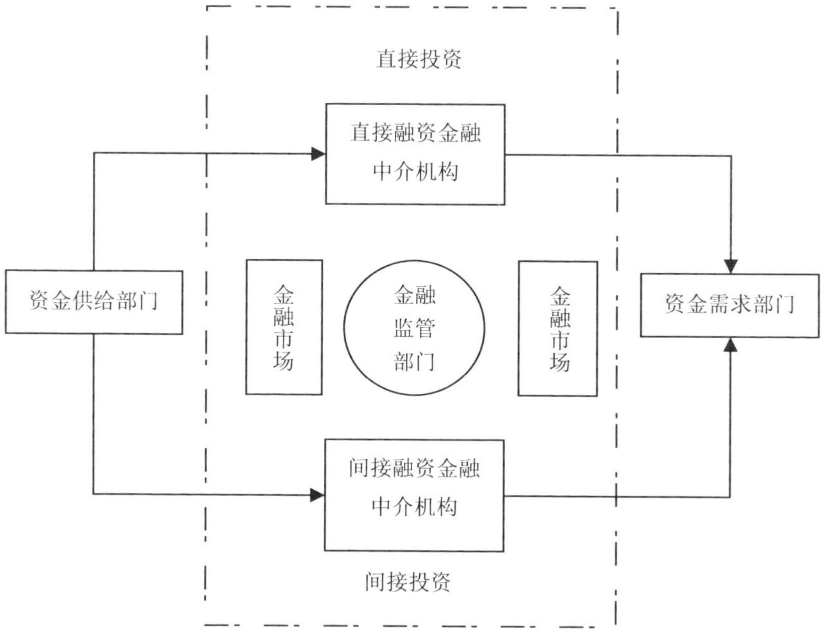


**图 1-1　金融体系的构成**

金融体系的构成如图 1-1 所示，从中可以看出金融活动的参与主体包括四大类：资金供给（盈余）部门、资金需求（赤字）部门、提供金融活动的金融机构和金融监管部门。在资金供给者和需求者之间，起桥梁和中介作用的是金融机构。根据融资方式的不同，即根据直接融资（如股票、债券融资）与间接融资（如银行信贷）方式的不同，金融机构分为两类：一类是在直接融资领域中，为筹资者和投资者提供某种服务的机构，如证券公司；另一类是在间接融资领域中，介于债权人与债务人之间发挥“支付中介”和“融资媒介”作用的机构，如各种类型的银行，以及非银行金融机构。

## 三、金融的功能

金融的功能通过金融体系表现出来。金融体系最基本的功能是提供资金的融通渠道。但随着金融体系的发展，其功能也在逐步地扩展和完善。美国哈佛大学著名金融学教授罗伯特·莫顿认为，金融体系具有六大基本功能。

①清算和支付功能，即金融体系提供了便利的商品、劳务和资产交易的清算支付手段。

②融通资金和股权细化功能，即金融体系通过提供各种机制，汇聚资金并导向大规模的无法分割的投资项目。

③为在时空上实现经济资源转移提供渠道，即金融体系提供了促使经济资源跨时间、地域和产业转移的方法和机制。

④风险管理功能，即金融体系提供了应付意外和控制风险的手段及途径。

⑤信息提供功能，即金融体系通过提供价格信号等方式，帮助协调不同经济部门的非集中化决策。

⑥解决激励问题，即金融体系解决了因金融交易双方拥有不对称信息而在委托代理行为中出现的激励问题。

美国著名经济学家莱文从交易成本的角度对金融体系的作用做了新的诠释。他认为，金融体系的作用在于消除由于交易成本和信息成本的存在而产生的市场摩擦，起到融通储蓄、优化资本配置等作用，金融发展降低了信息和交易费用，进而影响了储蓄水平、投资决策、技术创新以及长期增长速度。

## 四、金融的地位

金融是经济的润滑剂，是加速资金运动，提高资金使用效率，加快经济发展必不可少的重要经济要素。1992 年春天，邓小平同志在上海浦东新区视察时就指出："金融很重要，是现代经济的核心。"现代金融业在资源配置中起着核心作用，其在整个经济发展中的地位越来越重要。

### （一）现代金融业已经成为其他产业发展的前导型产业

现代金融业作为第三产业，在经济发展中起着"血液"的作用，为其他产业的发展提供资金和资本支持，"供血"的好坏直接影响着整个经济的健康运行。通过金融在资源配置中的作用，可促进社会资本的优化，产业结构的调整，使经济保持稳定、协调和持续发展。

### （二）现代金融业在经济发展中起着资源优化配置的核心作用

现代金融业是一个资金和资本流通的行业，资金和资本通过金融行业汇集，然后再分配到各个行业和经济部门。各个行业和经济部门的资金和资本使用效率的高低会影响其流动的方向。资金和资本会自发流向低投入、高产出、高效率的产业和经济部门，促使产业结构发生变化，淘汰落后的高投入、低产出、低效率的产业和经济部门。

### （三）现代金融业既是一个服务型行业，又是一个知识密集型行业

在金融体系的运行过程中，金融业为经济活动提供各种金融工具和金融服务，来满足经济运行的需求，保障实体经济的正常运行和高效运转。计算机技术、

网络技术和通信技术的高速发展，促进了金融业的技术创新、制度创新和产品创新，使现代金融业与传统金融业相比发生了巨大的变革，特别是各种高新技术的应用和各种金融衍生产品的推出，对知识和技术的要求越来越高。金融创新是金融业发展的必由之路，金融创新必须有知识和技术作为支撑，这促使金融业成了知识和技术密集型的行业。

#### （四）现代金融业是一个高风险行业

各行业的发展都离不开金融业，金融业为各行业的发展提供资本和资金的支持。现代金融业与经济运行的联系越来越紧密，各行业发展过程中的风险会传导到金融业，经济运行过程中的各种风险会累积并最终影响金融业的正常运行。过度的金融创新和金融监管的缺失，也会造成金融风险。如美国的次贷危机、希腊的债务风波，都对世界经济造成了巨大的影响。

## 第二节 金融深化与创新理论

### 一、金融深化理论

#### （一）金融深化的含义

关于金融深化，20 世纪 60 年代基本上是描述性的、分散的，当时并没有形成一个完整的理论体系。同时，人们考察的视角还比较窄，没有把金融深化与财政、外贸的发展放在一起考虑。在此基础上提出的政策主张虽然有自发性，但还不足以用这种理论来指导一场深刻的金融改革。尽管如此，这些开拓性的研究对后来形成完整的金融深化理论是很有帮助的。比如，肖的债务中介理论就在很大程度上受到上述从劳动分工角度考察金融发展的方法的影响。上述对企业依靠自有资金的假设以及对投资不可分性的分析，后来成了麦金农理论的基本前提。而帕特里克的“货币供给带动”金融发展战略则同于麦金农和肖所倡导的放松利率限制，是金融深化思想的萌芽。总之，经过 20 世纪 60 年代理论上的准备，到 70 年代已初步具备了产生系统的金融深化理论的条件。

金融深化的含义，是根据美国经济学家、斯坦福大学教授麦金农和肖出版的《经济发展中的货币与资本》和《经济发展中的金融深化》两部著作中的观点提出的。在这两部著作中，他们对金融深化的理解是从金融深化与经济发展的关系入手进行分析的，认为金融深化与经济发展之间存在着相互促进和相互权衡的关系，即在市场机制特别是利率机制自由运行的条件下，如果政府放弃对金融的过分干预，该国又具有健全的金融体制和活跃的金融市场，那么就能充分有效地动员社会闲置资金转化为生产性投资，并通过市场机制引导资金流动，从而促进该国经济的发展；经济的发展又必然会促进信用的扩张，由此便形成金融与经济相互促进的良性循环。这个过程就是金融的不断深化。两人虽然分析的理论方法和角度不同，但他们都认为发展中国家存在着金融压制，阻碍了经济的发展，实行金融深化（自由化）的政策，可促进经济的发展。

发展中国家的经济表现出落后的特征，在传统理论的指导下，政府进行干预，干预的结果是经济结构被人为"割裂"，要素市场也被严重分割，要素价格被严重扭曲。总之，市场是不完全的。资本市场的分割和管制（如采用低利率政策、银行控制、信贷配给、通胀征税、外汇管制等手段），使得货币金融不能很好地发挥资源配置的作用，"引起土地和劳动力的滥用，束缚了企业家才能的发展，迫使经济中的重要部门只能使用落后技术"，分割的经济将造成经济上的持续落后，形成一种"落后—干预—分割—落后"的恶性循环。为了跳出这个怪圈，解决的办法就是解除金融压制，实行金融深化，恢复要素市场的自然联系性（不可分割性），发挥金融市场的资源配置作用，促进经济增长，以实现经济增长的良性循环。为此，麦金农提出了"导管效应"，肖提出了"债务中介论"。

金融深化的程度可用以下六条标准来衡量。

①实际利率是否为正值。

②利率的弹性大小。

③货币化程度高低。

④依靠外援的程度。

⑤外汇管理程度。

⑥金融体制健全程度。

根据麦金农和肖的观点，不难看出，他们将金融深化的含义理解为，金融深化表现为货币化程度的不断提高，并随着经济货币化程度的提高，又促使金融不断变革的过程。

自 20 世纪 70 年代以来，金融深化理论的发展经历了三次划时代的革命。第一次革命是第二次世界大战结束后至 20 世纪 80 年代初期的一批西方经济学家（如麦金农、肖等人）从发展中国家的"欠发达性"出发，认为凯恩斯主义主张的政府财政赤字的政策实际上是抑制发展中国家发展的金融活动。由此，麦金农和肖提出，通过金融深化改革来达到金融深化的目的。第二次革命是麦金农等人在总结发展中国家金融改革实践的基础上，于 20 世纪 90 年代初提出的金融深化理论。第三次革命是赫尔曼、默多克和斯蒂格利茨等从信息不对称角度提出的金融约束理论。

麦金农和肖的金融深化论的观点和政策主张，也是当前西方盛行的一种金融与经济发展的理论。

### （二）金融深化论的贡献

①麦金农和肖的金融深化论打破了传统的货币金融理论的束缚，以发展中国家的现实经济状况为前提，提出了利率高低与投资大小成正比关系的新观点，一反利率高低与投资大小成反比关系的流行观点。麦金农尤其对凯恩斯理论提出异议，认为凯恩斯提出的通过降低利率刺激投资，从而实现提高就业率和增加国民收入的主张，既忽略了通货膨胀的存在，又不符合发展中国家的国情。

②麦金农的金融深化论，打破了前人只根据实际经济因素去研究金融经济发展的传统，较早地指出了金融因素对经济发展的作用，纠正了传统经济发展论忽视金融因素的错误。

③在政策主张方面，麦金农认为如果能将提高利率和金融体制改革相配合以刺激储蓄和投资，使金融机构能灵活自主地吸收资金和发展业务，便不会出现现代货币主义所主张的紧缩政策造成的不景气和失业现象。因此，麦金农的金融深化论主张通过提高利率以刺激储蓄和投资。

④金融深化论提出了货币职能的新观点。西方传统经济学家大都认为货币的职能有价值标准、交易媒介、支付和储藏手段。而金融深化论者认为，人们对货币具体职能的分析忽略了对货币基本职能的理解。他们认为，货币实际上是一种债务关系，具有转移财富的职能，即资本从储蓄者手中转移到投资者手中。货币的主要功能是减少生产成本和交易成本，从而提高生产效率，增加国民收入。

### （三）金融深化论的缺陷

①金融深化论将发展中国家经济落后的原因过分归咎于金融体制的落后，而没有深刻揭示出发展中国家经济落后的内因在于生产力的落后和经济结构的失调。

②在筹集资金方面，麦金农忽略了这一事实，即在大多数发展中国家人均收入水平低，仅够维持基本消费。因此，发展中国家能否通过吸收足够的储蓄以促进经济的发展，仍存疑问。

③金融深化论主张取消货币当局和政府部门对金融的干预和管制，提倡金融深化。这些观点是有害的。这是因为，即使是在完全自由竞争的市场经济条

件下的发达国家，适度的管理、监督也是必要的，更何况在发展中国家。

### （四）金融深化的目标

金融深化有利于国内私人储蓄相对收入比例的提高。储蓄中增加的部分有可能是虚增，有一部分可能是被计入国民收入账户，还有一部分可能是从各种难以度量的资本中转移出来的。但是，某些储蓄的增加肯定是因为实际利率较高或者是储蓄者获得机会分散国内资产结构。另外，金融储蓄的增长也增加了投资者借款的途径，刺激他们进行储蓄和积累资产，会使借款利率更低。最后，金融深化也能够拓展储蓄者的视野，减少现时消费的吸引力。

金融深化将使政府部门的储蓄趋于增长。在非集中的经济中，当金融浅短时，政府的储蓄一般很少。政府依赖通货膨胀税获得财力，而政府企业的利润和税收对通货膨胀的无弹性，一般会减少政府储蓄。金融深化也会影响国外的储蓄。在一些被扭曲的相对价格、利率、汇率等一一被纠正后，进入国外资本市场就比较容易，国内资金的外逃将被扭转。在某些情况下，国外资金的流入甚至会达到这样的程度，即在稳定的国内物价水平下，这些外资很难被完全吸纳。

在一定程度上，金融深化会使得动员和分配储蓄的融资活动有可能取代财政手段、通货膨胀和国外的援助。在落后的经济中，财政手段也是落后的。以财政手段获得收入的能力，通常受到政府消费需求的限制，在通常情况下，也受到最低限度的社会保障支出的限制。财政为各种投资提供资金的附加要求，势必影响经济效益和社会平等，这会抵消资本积累给一些人带来的利益。在落后经济中，国外援助在很大程度上代替着国内的储蓄。这个援助额在某种程度上反映了落后经济对储蓄的较大需求，但它们却推行着抑制国内自身储蓄的相对价格。专门的计划模型可以划定人均收入的范围，但它们却使发展中经济产生储蓄和外汇的短缺。不过，在纠正了扭曲的相对价格后，这些模型就不怎么合适了。

投资者通过金融市场争夺储蓄流量，使投资机会变的扩大化和多样化。金融深化打开了优化储蓄分配的途径。在金融被抑制的经济中内源融资盛行，也就是储蓄主要流向储蓄者本人选择的投资。在金融深化经济中，储蓄者能够选择投资的范围更大，市场扩大了，就能够在更大的范围内进行选择，对投资信息的获得也变得更容易。这样各地资本市场统一，成为一个统一的市场。

在扩展的资本市场上，利率可用来甄别各种投资选择，扩展的资本市场往往是新投资企业和技术创新投资项目出现的相应条件。各种投资竞相争夺储蓄支配权，在这方面，同金融抑制状况形成了鲜明的对比。储蓄通过不受相对价格制约的狭窄管道，流入了企业的重复性投资项目。在金融抑制条件下，对储蓄投资用途的研究，往往是随意和偶然的，很少进行投资收益率的比较。由此可见，金融深化是对储蓄流量进行竞争性和创新性分配的一个重要前提。可以肯定，在金融浅短的经济中，边际投入—产出比例很高。

落后经济中的失业在某种程度上是金融抑制的结果。稀缺的储蓄只能给生产提供不充足的资金。更糟糕的是，阻塞储蓄的低利率，加上比较高的最低工资率，给劳动者提供了不合适的生产设备。这样，即使资本稀缺而劳动力丰富，资金还是投向了资本密集型产业，导致劳动密集型的农业和本土制造业丧失比较优势的汇率高估，也不会改善劳动者的境况。

金融深化及其相关的政策，有助于促进收入分配的平等。在某些落后的经济中，劳动力对资本的替代弹性也许很高，因而相对于工资率而言，利率和汇率的提高可能既增加就业，又提高工资收入的份额。再者，金融深化会减少垄断收入，这种收入是通过进口和其他许可证，流向有特权的少数进口商、银行借款者或电力消费者的。

### （五）金融深化的实证检验

韩国在 20 世纪六七十年代，一直奉行较严格的金融管制政策。在很长一段时期内，利率经常被控制在一个较低的水平上。信贷分配总额的 1/3 以上由政府指令支配。从 20 世纪 80 年代初期开始，韩国政府采取了金融改革政策，其措施主要有以下几种。

①对非银行金融机构进一步取消管制。

②放松对新成立金融机构的审批管理。

③大部分政府所有的商业银行实现了私有化。

④政府取消了优惠贷款利率。

⑤不再提出带有干预性的任何指导性信贷计划。

⑥允许金融机构拓宽服务范围。

⑦自 1988 年下半年开始，在存款利率依然受到控制的同时开放大部分贷款利率。

#### 1. 关于金融深化的储蓄效应的实证检验

所谓储蓄效应，是指金融深化的推进，如解除利率管制等，将能提高储蓄水平。有些研究认为存在这样的效应，而另一些研究则认为不存在。比如，马克斯韦尔 · J. 弗莱估计了 14 个亚洲发展中国家 1961—1983 年合并时间序列的国民储蓄函数，发现实际存款利率与储蓄显著正相关；而艾尔伯特·乔文尼尼研究了7个亚洲发展中国家20世纪60年代和70年代的数据，没有发现实际利率的储蓄效应。

2. 关于金融深化的投资效应的实证检验

投资效应包含两个方面：一是规模效应，指投资规模随金融深化过程的推进而扩展；二是效率效应，指金融深化导致投资效率提高。对于规模效应的实证检验有不同的结果，有的实证检验说明提高存款利率有助于资本积累、扩大投资数量；另有些实证检验得出相反的结果——实际利率与投资之间存在明显的负相关关系。对于金融深化的投资效率效应的检验则比较一致，许多研究认为金融深化有助于提高投资效率。

3. 关于金融深化的经济增长效应的实证检验

对发展中国家20世纪60年代初到80年代末这段时期大量的实证研究表明，实际利率与实际GDP增长率之间存在显著的正相关。一般来说，实际利率为正值的国家，经济增长率较高；实际利率为负值的国家，经济增长率较低，甚至为负值。

4. 金融深化进程是否促进了金融深化

金融深化是指金融结构的优化和金融效率的提高。总的看来，金融深化政策的确通过各种渠道产生了促进经济增长的良性作用。实证研究中存在的一些争议只是说明了确切评价金融深化效果的复杂性。由于各国在实施金融深化的同时，还伴随有其他经济改革措施，如财政、税收、外贸、私有化等方面的改革，各国的具体国情也千差万别，要准确地判断金融深化对经济增长的作用是困难的。虽然金融深化在促进经济增长方面取得了一些成就，但是在全球金融深化的进程中，不断涌现的金融危机使人们不得不重新审视金融深化政策。

## 二、金融创新理论

### （一）金融创新的概念

“金融创新”一词，是现代著名美籍奥地利经济学家约瑟夫·熊彼特于1912年在其出版的《经济发展理论》一书中第一次提出来的。熊彼特在该书中研究的是整个经济发展中的创新，其对“创新”一词的表述为，创新指新的生产函数的建立，即企业家对生产要素进行的新的组合。目前，各国对金融创新的定义尚不能统一，被引用最多的有以下两类。

1. 国内著名经济学家和知名人士对金融创新的理解

北京大学的陈岱孙、厉以宁根据熊彼特对金融创新的定义，在《国际金融学说史》一书中提出，所谓金融创新，就是各种金融要素进行新的组合，在金融领域内建立起新的“生产函数”，目的是获得更多利润并完成市场改革。这主要指的是金融业出现的新的金融方式、金融市场、清算手段等一系列的新事物。整个金融业的发展史本质上来说就是一部创新史，金融业的发展离不开创新，如信用货币的出现、商业银行的诞生等，这都是非常重要的金融创新。

经济学教授饶余庆是这样定义金融创新的。金融创新在经济史上早已有之，历史上首次金融创新是货币的发明，这也是最重要的一次创新。直到 13 世纪意大利出现了商业银行，可以说是金融创新的一座里程碑。金融界的另一重大进展，就是 19 世纪英国银行制度和支票的出现和发展，并且触发了通货学派和银行学派的经济思想争论。“二战”结束之后，金融业在性质、范围、频率上都飞速发展。现在金融创新日新月异，席卷了世界各大主要金融中心。

徐进前所编著的《金融创新》一书中，将金融创新定义为：“金融创新是各种金融要素的新的组合，是为了追求最大利润而发生的金融改革。”

综上所述，我国国内经济学家和知名人士对金融创新定义可以总结为，金融业的发展史就是一部金融创新史，金融创新指的是金融史上的每一次重大变革，而不是某个阶段的改革；同时金融创新包含的不只是理论创新，还有业务创新。目前，从整体来看我国的金融创新尚处于初步阶段，仍需要进一步健全金融体系、加强金融监管力度等。

2. 十国集团和外国经济学家对金融创新的解释

十国集团中央银行认为，广义的金融创新应包括两方面：一是金融工具的创新；二是金融创新的三大趋势。在近年来国际银行业的创新报告中提出，对于金融工具的创新可以看作任何金融工具若干特性的结合。金融创新的三大趋势：一是证券化以及使银行信用和资本市场的界线变得模糊不清的趋势；二是资产负债表外业务越来越重要的趋势；三是全球金融市场一体化倾向出现的趋势。十国集团中央银行研究报告对金融创新的定义有如下几个特点。

①从该研究报告中谈及的金融创新工具看，基本上是 20 世纪 60 年代以后出现的。该报告特别着重阐述了 20 世纪 80 年代金融创新过程中出现的四大工具（期权、互换、票据发行便利、远期利率协议）。可见，该报告研究金融创新的时间跨度为 20 世纪 60 年代至 80 年代中期。值得一提的是报告中大部分篇幅阐述的是 20 世纪 80 年代出现的金融创新工具及金融创新的三大趋势，这

使得研究金融创新的时间跨度过短。

②该研究报告明确提出了金融创新的研究范围为两个方面：一是20世纪80年代以来的金融工具创新；二是20世纪80年代国际金融创新的三大趋势。前者属于微观市场范畴，后者属于整个金融业的宏观变化。

③该研究报告在探讨金融工具的创新和金融创新三大趋势的同时，对金融管理和金融制度的创新没有论及，特别是20世纪80年代以来金融制度的创新进展很大，未能归入研究范围，这使得研究范围过窄。

④该研究报告将金融创新定义为金融工具和金融业务的创新，即从微观层次给金融创新下定义，属于狭义的概念。

美国出版的《银行辞典》中专门列出“金融创新”这一词条。这部辞典将金融创新定义为“支付制度促进银行及一般金融机构作为资金供求中介作用的减弱或改变”。从这一定义中可以发现如下几个特点。

①该定义源自西方的《银行辞典》，其定义不够全面、精确。它把金融创新仅局限于金融机构中介地位变化这个侧面，未触及根本。

②该定义的侧重点在于阐述金融创新的四种类型，即技术创新、风险转移创新、产生信用和产生股权的创新，把金融创新的重点放在微观层次，对金融业务、品种、服务、工具等方面一一进行分析。

③该定义所列金融创新类型中将技术创新列在首位，表明了技术创新在金融创新中所占据的重要地位，同时也可从中看出熊彼特“创新”定义的痕迹。

④从该定义及所列金融创新的类型看，金融创新的动机是获得实际效应，而不仅仅是为了逃避金融和税收管制。

目前，国内有关金融创新的论文，特别是实际工作部门的作者撰写的论文多数支持十国集团对金融创新的定义。国内出版的一些介绍金融创新的著作，也多从实务角度入手，有的干脆直接以工具创新命名。

在介绍和分析了国内外主要的金融创新观点之后，本书给出自己的定义：所谓金融创新乃是金融业各种要素的重新组合，具体是指金融机构和金融管理当局出于对微观利益和宏观效益的考虑而对机构设置、业务品种、金融工具及制度安排所进行的金融业创造性变革和开发活动。

这个定义指出了金融创新的主体、目的、本质及表现形式。首先，金融创新的主体是金融机构和金融管理当局，它们是所有金融创新活动的策划者、发动者和维护者。其次，金融创新的根本目的不外乎两方面：从微观金融机构看，是为了赢利，无论是逃避管制的创新、转嫁风险的创新，还是创造信用的创新，都离不开这个最终目的；从金融管理当局看，是为了提高整个金融业的宏观效益，通过金融监管制度的创新既促进金融机构效率的提高，又确保金融秩序的稳定运行。再次，金融创新的本质是金融业的创造性变革和开发，即所谓“金融要素的重新组合”。最后，金融创新的表现形式是金融机构、金融业务、金融工具的创新以及金融制度的创新，既有微观层次的创新，也有宏观层次的变革。此外，金融创新具有明显的历史阶段性，在不同历史时期，金融创新的环境、特征不同，对经济的影响也不同。

### （二）金融创新的理论流派

1. 技术推进理论

技术推进理论认为，新技术革命的出现，并在金融业运用，是促进金融创新发展的主要因素。计算机、电信工业等高新技术在金融业的应用，能够促进金融业的信息化发展，在技术和物质上为金融业的发展提供了保障。企业的规模越大，市场结构就会越集中，进而提高技术创新的可能性。毕竟中小企业无法负担新技术发明所需的大量资金；而大企业市场集中，发明者的利润能够长期保存，不会因为被竞争者模仿而消失。

2. 货币促成理论

货币促成理论认为，货币方面的变化能够促进金融创新的出现。这一理论的代表人物是货币学派的米尔顿·弗里德曼。他认为，金融创新出现并形成，受到国际货币体系特征的影响。他还认为，20 世纪 60 年代美国通货膨胀的加剧，导致了布雷顿森林体系的崩溃，拆除了政府实施的通货膨胀障碍，使全世界的货币都直接或间接建立在不兑换纸币的基础上，引发全世界范围的通货膨胀。这种不正常的货币变化是金融创新的重要成因。

3. 财富增长理论

财富增长理论认为，金融创新的出现主要是由经济高速发展带来的财富增长促成的。人们不断增长的财富，使人们对金融资产和金融交易的需求日益增加，金融业需要不断创新满足人们的金融需求。这一理论主要是从金融需求的角度出发，相对来说比较片面。首先，金融需求促进金融创新，必须要在金融管制放松的前提下进行，否则严厉的金融管制一定会抑制因金融需求而产生的创新活动；其次，金融创新不但要考虑需求方面，也要考虑供给方面，单方面的动力很难持久；最后，该理论的财富效应仅能解释 20 世纪 70 年代前的金融创新。

4. 约束诱导理论

约束诱导理论认为，金融创新的根本原因是金融业对其内部和外部制约的回避和摆脱。这一理论是从供给的角度来探索金融创新的。金融业为了摆脱各种内部和外部的制约，金融机构会发明出各种金融工具、金融服务、交易方式等。金融业内部的制约主要是增长率、资本率、流动资产比率等传统的管理指标。外部制约主要是指金融当局的管理和制约。当金融机构的利润目标被这些内、外的制约阻碍时，就会迫使金融机构探索新的金融工具、金融服务、管理方式等，来回避这些制约，实现利益最大化。

5. 制度改革理论

制度改革理论认为金融创新是一种制度改革，与经济制度相互影响、互为因果。这一理论认为，金融界任何一次的制度变革都可以称作金融创新。政府为了稳定金融体制，防止收入不均制定的一些相关制度，也属于金融创新。另外，这一理论还认为，降低成本来增加收入或者稳定金融体系都可能是金融创新的成因。从这方面看，该理论将政府行为也看作金融创新的成因。

6. 规避管制理论

规避管制理论认为，金融创新的主要原因是金融机构为了回避政府的管制，为了获取利润而产生的。这一理论认为，政府的管制和控制，在实质上属于隐含的税收，会影响到金融机构的利润。因此，金融机构会探索出新的金融工具来回避政府的管制。当金融创新开始影响金融稳定的时候，政府部门或者金融当局又会加强管制，新的管制又会促进新的金融创新出现，两者相互影响、不断交替，从本质上来说是一个相互促进、相互推动的过程。

## 三、金融深化与金融创新

金融深化与金融创新两者之间的关系，可以这样表述：金融深化是金融创新的前提条件或实现途径，金融创新是金融深化的结果，金融创新反过来又会促进或加深金融深化的进程。

金融深化是针对发展中国家存在经济上的分割性、金融市场的落后性和分割性，以及严重的金融压制而提出的。发展中国家并不拥有像发达国家那样完善的金融体系，因此，发展中国家金融压制的解除、金融的自由化并不会大量地产生现代金融创新现象，至少在相当长的一段时期内不会大量产生。由于金融技术的可移植性，随着金融深化的不断深入，金融市场不断得到发展，某些较为合适的金融创新技术会在发展中国家得以应用，金融创新会得到一定的发展，但不会大规模发展，大规模的金融创新尚需时日，有待于金融体系的发展和完善。

就发展中国家而言，金融深化的目的从根本上讲就是促进金融体制改善，使其适应市场经济特征，更富于竞争性，有效地促进储蓄转化为投资，最终达到促进金融相关系数稳步提高的目的；金融创新的目的就是逃避管制，规避风险，追求利润最大化。由此可见，金融深化与金融创新之间存在着极为密切的联系，两者体现为一定的趋同性。其原因是，金融深化与金融创新在实质内容上没有多大差别，即使存在某种差别，这种差别之间也存在着极大的互补性。因此，将两者统一起来看待，更为符合客观现实。

## 第三节　金融发展的文献综述

### 一、金融抑制和发展与经济增长关系的研究

#### （一）金融抑制及其宏观经济效果

金融抑制（也称为“金融压制”）出现在大多数发展中国家，政府的利率限制，对银行存款较高的准备金要求，强制性信贷分配和通货膨胀一起相互作用，使货币资产的实际收益非常低（通常为负值），货币需求占国民生产总值的比重不断下降。一系列的政府干预，降低了银行体系对居民存款的吸纳能力，抑制了国内金融体系的发展。

20 世纪五六十年代是发展中国家金融抑制的高峰时期。在很大程度上，金融抑制的动机源于财政约束下的政府主导型发展战略，政府希望快速推进经济发展，但是发现没有足够的财力去实现这一宏伟目标。在这种情况下，发展中国家只有依赖国内金融体系为其政府主导型发展战略融资。第一，对银行提出较高的存款准备金要求，直接为政府的发展计划筹集资金。第二，对贷款利率设置上限，以降低政府的债务融资成本。并且，低于市场均衡水平的贷款利率上限，使信贷市场存在过度需求。于是，政府通过强制性信贷分配将之投放到优先发展的部门，以配合政府的发展计划的实施。第三，通货膨胀并非政府有意而为，其形成另有其他原因，但是客观上通货膨胀税构成了政府收入的一种重要来源。第四，金融抑制几乎总是伴随着对国内资本跨境流动的管制，因为政府要阻止人们通过选择国外金融资产或金融中介来规避国内金融抑制。所以，从支持政府主导型的经济发展战略出发，发展中国家的金融抑制政策不但在政

治上富有说服力，而且在经济上也是得心应手。

①抑制的金融政策分割了国内资本市场，缩减了投资规模。金融抑制使银行体系流动的可贷资金减少，迫使潜在的投资者更多地依赖自我融资；而且因为存款和现金的真实收益为负，公司不能轻易地积累流动资产来准备做出不可分割的投资。此外，高且不稳定、无法预期的通货膨胀率，限制了债券和股票市场发展，使公司难以通过直接融资来进行投资。

②金融抑制（低或负的真实利率），阻碍了金融发展和经济增长。第一，低或负的真实利率鼓励了现期消费，并且导致人们储蓄不动产，而非金融资产，因为前者是防御通货膨胀的有效手段。其结果是，发展中国家的金融部门流于形式、发展迟缓，并由此影响了国民经济的货币化和货币交易效率。第二，低或负的真实利率导致了公司对可贷资金的过度需求，并由此产生了信贷配给、寻租行为和政府腐败。第三，低或负的真实利率造成了可贷资金流向低效率的项目，损害了金融系统重要的配置功能，使投资效率低下。

③金融抑制不利于发展中国家的就业和收入分配。低或负的真实利率与相对较高的工资结合在一起，诱导企业使用资本密集型技术和设备，将有限的资本投向资本密集型产业。在企业的生产要素的组合中，资本对劳动的替代，使失业率上升。在抑制的金融体系中，因为可以在很低的利率条件下获取资源，那些被政府列入优先发展的产业，或与政府保持良好关系的企业和个人将受益。此外，那些从财政支出增加中获得好处的受益人，以及那些如果消除了金融抑制税就会使用正常税的潜在纳税人也会从金融抑制中得到实惠。

### （二）金融发展与经济增长关系的研究

从金融抑制的宏观经济效应来看，“矫正金融抑制，推行金融深化”是公认的真理。在麦金农和肖那里金融深化有两个方面的含义：一方面消除不恰当的准备金要求利率上限和强制性信贷分配，确保金融市场可以自由进入并竞争运行，以保持银行体系的存款和贷款具有均衡的真实利率；另一方面通过合理的宏观政策措施来稳定价格水平，政府在制止通货膨胀的过程中，必须保持利率、汇率和工资率的协调一致。他们进一步认为，金融深化是获取储蓄与投资效应、投资效率效应、收入（增长）效应、就业与分配效应的重要手段。

在经历了 20 世纪五六十年代长达 20 多年的金融抑制之后，从 70 年代中期开始，亚洲、非洲和拉丁美洲的许多发展中国家开始步入金融深化历程。金融深化改革的动力来自三个方面。首先，麦金农和肖提出的金融深化理论，在很大程度上是对金融抑制政策的一种否定。其次，从 70 年代初开始，大多数实行金融抑制的发展中国家面临着严重的宏观经济问题，如通货膨胀、经常项目赤字和外债、低速增长和贫困恶化，使人们在金融抑制对经济增长作用上所达成的任何共识都土崩瓦解了，并在金融深化、利率、国内信贷对经济发展的作用方面建立了肯定、清醒的认识。最后，因为受到一系列宏观经济问题的困扰，许多发展中国家主动寻求世界银行和国际货币基金组织的金融和其他发展援助。而作为附加条件，这些发展中国家只有承诺实施包括金融深化的结构改革和稳定措施，才能获取这些援助。

改革的主要初衷或目标是，制定市场导向的金融制度，并以此充分动员储蓄、有效分配国内的可投资资源并加快经济增长。但是，大量的经验研究表明，发展中国家金融深化改革并没有达到预期目标，金融深化与储蓄、投资、投资效率和经济增长之间存在某些关联，但没有足够的证据说明它们之间的正向和因果关系。如果撇开由自由化所致的金融危机，改革既没有成功，也没有失败。

1. 金融深化与储蓄

根据对 8 个亚洲国家的实证研究发现，对发展中国家的储蓄利率弹性明显为正的观点应保持怀疑态度。类似地，根据对 5 个亚洲国家金融深化实践的研究，世界银行两位经济学家做出如下结论：“金融改革，无论是全面彻底的，还是有节奏、分阶段的并没有对储蓄行为产生明显的影响。消除金融抑制能促进储蓄的观点至少到目前为止还难以让人置信。金融深化改革的调查结果，并没有显示储蓄规律性的变化趋势或格局。”此外，有经济学者也指出，如果利率的储蓄效应是存在的，那么这种效应很弱。在过去 20 年里，正的利率效应在亚洲比在世界其他地方较显著些，但甚至在亚洲，这种效应也显示出递减的趋势。

2. 金融深化与投资

金融深化理论只是将银行视为储蓄的托管人，并且假定银行体系的贷款供给取决于银行所拥有的存款数量。也就是说，信贷的供给量是外生决定的。如果利率上升，存款增加，银行贷款会自动随之增加，投资也相应增加。沃曼和瑟尔沃尔的研究也发现，在 1960—1990 年的墨西哥，储蓄对利率上升的正向反应，增加了银行体系贷款供给能力；但利率上升对贷款需求具有较强的负效应。两者综合，利率上升对投资的净效应是负值。对于上述实证结果，戴维森给出的解释为，如果银行具有创造信用的能力（通过可接受的财务处理，事实上具有这种能力），那么，由于有中央银行作为最后借款人的支持，贷款的供给将取决于贷款的需求，而不是存款的供给。也就是说，贷款的供给是内生决定的。在这种情形下，重要的不是去鼓励储蓄，而是去鼓励投资。鼓励投资的重要手段之一是降低利率，相反利率上升只会减少投资。

3. 金融深化与投资效率

学者通过对亚洲国家的研究发现，实际利率与资本产出增长比率负相关，与全要素生产率正相关。所以，金融深化促进了投资效率的提高。但是，对于这一判断，部分学者表示并不认同。因为这一研究并没有提供一种理论或途径，解释实际利率是如何影响全要素生产率或技术进步的。所以，不能仅仅凭借实际利率与全要素生产率的相关性，就认为两者之间存在因果关系。如果技术进步是同一时期的其他因素（政府加大了对研发和人力资本的投资等）促成的，那么该研究所观测的相关性可能只是一种巧合罢了。此外，有研究发现，那些实际利率很高或为负值的国家其投资效率高于其他国家。例如，实际利率为正值的新加坡，其投资的生产效益却低于阿尔及利亚、厄瓜多尔、墨西哥、土耳其 4 个国家，而这 4 个国家的实际利率为很大的负值。

4. 金融深化与经济增长

金融深化理论认为，金融深化有利于增加投资及投资效率的提高，从而促进经济增长。在这方面，盖尔布的研究似乎找到了实际利率与经济增长之间存在正相关的经验证据。但是，他的经验估计存在致命的缺陷。第一，没有考虑通货膨胀变量。在许多发展中国家，利率与经济增长的相关性在很大程度上是高且易变的通货膨胀造成的必然结果。如果忽视了这一事实，在分析实际利率与经济增长之间的关系时难免会出现谬误。第二，没有在隔夜指数掉期回归分析中引入需求变量。因为实际利率的变化是需求的变化导致的，其间金融抑制的程度并没有发生多少改变。针对上述缺陷，世界银行将通货膨胀作为第二个自变量，运用同样的方法对 20 个实际利率为正的国家进行分析。研究表明，通货膨胀和实际利率都对经济增长有消极作用。也就是说，较低的实际利率和通货膨胀都可能有利于经济增长。

## 二、金融发展与技术创新关系的研究

### （一）技术创新及其决定

1912 年经济学家熊彼特出版的《经济发展理论》一书中提出了技术创新的概念。他认为技术创新，就是将一个或一系列的生产函数引入生产过程中。这个新的生产函数可以是新的原材料供给，可以是新产品，也可以是新市场。熊彼特具体提出了以下五种创新方式。

①引入新产品。

②引入新技术和新生产方法。

③开辟新市场。

④开拓原料的新来源。

⑤重组一个工业。

对于技术创新的决定，熊彼特认为，技术进步的来源最终也可归结到制度层面。这种制度内容主要包括以下几个方面。

①竞争条件。熊彼特的理论是以假设竞争为基础建立的。一切经济主体的行为和命运由市场竞争主宰，人为的障碍不再阻止竞争活动。

②市场的完善度。一是市场机制的完善，价格信号比较真实，信息的传递迅捷而广泛；二是市场体系的完善，包括产品市场、要素市场在内的各类市场应各得其所，并充分发挥其职能。特别的是，熊彼特尤其强调银行信用在创新活动中的重要作用。

③自由企业制度。一个企业是否具有创新的动力就要看它是否“自由”，也就是企业是否拥有独立的法人产权，企业是否拥有创建、投资、改造以及破产的权利，企业是否能够承担创新带来的收益和风险。

④企业家阶层。企业家是创新的主体，他们是经济生活中最具活力的群体，在一定程度上经济的发展方向是由他们决定的。

### （二）金融发展对技术创新的促进作用

目前，对于金融发展与技术创新的研究还在初步阶段，主要研究领域基本都是在金融发展对技术创新的促进作用上，研究是否不同方向的金融发展能够在技术创新方面起到不同作用。

国外关于金融发展与技术创新关系的研究中，有相关文献认为，技术创新的发展与股票市场不同，可能会受到信贷市场的影响。国外经济学家认为，收益不稳定并且不确定的创新型公司不适合债务合约的结构，并且有实力的银行通过索取信息租金，抢占企业的大部分利润，扼杀企业长期投资的创新项目，保护现有企业。另外有研究者认为，信贷市场对保守项目的偏爱，也会在一定程度上影响对创新项目的投资，甚至有的企业会因此影响而停止对正在进行中的创新项目的投资。股票市场则鼓励企业投资创新技术，虽然有不确定性，但很可能会有突破性进展。

我国对技术创新的研究起步比较晚，国内学者对金融发展与技术创新之间关系的研究与国外学者不同。大多数研究者都是将金融市场的发展看作一个整体来进行研究，并没有对信贷市场和股票市场对技术创新的发展作用进行区分。叶耀明、王胜对长江三角洲地区的数据进行了采集并分析，得出金融中介机构的发展能够促进技术创新活动发展，尤其是对原创型的发明作用更大的结论。随着金融业的不断发展，我国学者的研究也不断加深，领域范围更大。殷剑峰对金融发展对经济增长的作用进行了深入研究，得出不同金融机构对技术创新的反应不同，在新技术的各个阶段，金融体系发挥的作用也有所不同的结论。

# 第二章　金融发展理论的演变

经济学家历来非常关注的一个重要问题就是金融与经济发展的关系，货币政策与金融政策的制定与执行以及经济的增长和发展，都直接受到对这个问题的不同认识的影响。由于经济学家对货币本质和职能有着不同的理解，对金融在经济中的地位与作用有着不同的认识，从而形成不同流派的金融理论。本章对金融发展理论的演变进行了深入分析，主要内容包括金融发展理论的历史渊源、形成与发展，金融发展理论的局限性分析与相关学派等。

## 第一节　金融发展理论的历史渊源、形成与发展

### 一、金融发展理论的历史渊源

在早期金融学说中，主要的理论分析是围绕货币的职能和作用展开的。12世纪以来西欧资本主义萌芽的兴起，使得货币在经济中的使用范围越来越广，许多学者开始关注货币的数量、成色的变化对经济的影响。如14世纪法国学者尼科尔·奥雷斯姆在1360年写了《论货币的最初发明》一文，分析了货币质量下降对经济的危害性。他认为，货币质量下降会造成国内经济不稳，即导致“应当高度稳定的东西陷于极其不稳定和混乱状态”，并且妨碍国际贸易和国际金融活动的开展，因此他强调要制止这些减少货币重量、降低货币成色的行为。这是较早论述货币金融与经济发展关系的学者。以后，众多学者继续探讨货币与经济发展的联系。在古典经济学家看来，影响经济发展的主要因素乃是资本的数量，而不是资本的分配。古典学派的政策主张构成许多西方国家货币政策的理论基础。但是，这些理论没有说明货币金融对长期的经济增长和经济发展影响。美籍奥地利经济学家熊彼特的信用创造论弥补了旧有理论的缺陷，在一定程度上符合现代信用经济的实际情况。当然，在肯定银行通过信用创造

促进经济发展的同时，也不能低估银行媒介在促进资本流动、提高资本运行效率方面的作用。

## 二、金融发展理论的形成

在经济发展早期，银行信用作为金融活动的主要形式对经济发展起着一定的推动作用。但是，从方法论来说，早期的研究者还是着重于规范分析和演绎分析，并据此制定金融发展政策。金融发展理论在20世纪50年代以前的西方经济学中并不占据十分突出的位置。由于发达国家市场机制较为完善，金融结构配套比较合理，不存在对金融活动的人为压制问题，西方经济学把金融理论研究的重点放在货币理论方面，并据此制定相应的货币政策来保持经济的稳定增长。20世纪50年代以后，西方经济学者才对经济发展与金融发展的关系真正关注起来，此后逐渐完善并形成经济学研究领域的一个重要课题。英国经济学家哈罗德、美国经济学家多马提出经济增长理论，旨在对凯恩斯理论进行长期化和动态化的发展。凯恩斯研究了短期内投资对有效需求的影响，但是忽视了长期投资对资本的影响。哈罗德则利用加速原理阐述资本增长与产出增长的关系。他们通过不同的分析得出了相似的结论：在假设产出/资本比率与储蓄倾向为常数的情况下，资本的增长率与经济总产出的增长率存在正比例关系。但是，哈罗德－多马模型主要适用于发达国家，而不适用于发展中国家的经济增长分析。为了适应发展中国家经济实际，哈罗德在1960年对模型进行了扩展，引入利率参数来分析其在决定储蓄供求中的作用。针对发展中国家存在的低储蓄、高投资、长期通货膨胀等现象，哈罗德建议将银行信贷大部分变为投资融资，用资本市场的膨胀利润进行自主投资融资。由于发展中国家缺乏有组织的资本市场，银行信贷是促进经济增长的主要途径，发展中国家的低储蓄率则妨碍了经济增长。为此，政府应通过强制征税或实施盈余财政政策，使实际储蓄水平提高到必要的程度，以恢复经济增长。从总体上而言，该模型用于发展中国家是有局限性的，它的政策结论对发展中国家制定金融发展政策的价值不大。这些理论很少考虑发展中国家的特殊经济环境。过分强调资本积累作用的政策措施，导致发展中国家大量吸收外资。结果，经济虽然有了一定的发展，却造成了种种不良后果，如低效率、负债重等，最终使发展中国家陷入债务危机与经济发展停滞的恶性循环之中，阻碍金融发挥应有的作用。通过对发展中国家金融发展与经济发展关系的研究，他们认识到发展中国家在经济发展中，不仅要追求经济数量上的增长，更要注重经济运行质量的改善，政府肩负着建立完善的市场经济体制与金融体制的重担。与传统西方经济增长理论注重资本对经济增长推动作用不同的是，在针对发展中国家的经济发展研究中，不仅要研究资本对经济增长的推动作用，还要分析金融发展对经济发展的作用。

1955 年和 1956 年格利和肖发表《经济发展中的金融方面》和《金融中介机构与储蓄——投资》两篇论文，揭开了金融发展理论研究的序幕。他们的理论虽然是在金融增长的层次上展开分析的，但已初步涉及金融制度变革等金融发展的深层次的制度性因素，为后续的研究指明了方向。

1962—1969 年间，众多经济学家相继发表了一系列研究金融与经济发展问题的成果，其中比较重要的有：戈德史密斯的《金融结构与经济增长》（1962 年）、《金融结构的决定因素》（1966 年）和《墨西哥的金融结构》（1965 年）；帕克里克的《欠发达国家的金融发展与经济增长》（1966 年）等。

## 三、金融发展理论的发展

尽管 20 世纪 70 年代以前金融发展理论的研究已取得相当进展，但总体上仍停留在浅层次的描述性分析，远未系统化，理论上还未成熟。进入 70 年代，金融发展理论的研究继续深入，并且侧重于对发展中国家的实证分析。1972 年戈德史密斯发表了《拉丁美洲金融发展 100 年》的著名论文。同一年，纽约大学出版社出版了阿诺德·索姆茨的论著《金融发展与经济增长》。但这一时期真正具有划时代意义的研究成果则是麦金农的《经济发展中的货币》和肖的《经济发展中的金融深化》。他们以发展中国家的货币金融问题作为研究对象，详细分析了发展中国家货币金融的特殊性，提出了与传统货币理论迥异的政策主张。他们的金融深化理论不仅在西方经济学界产生极大影响，而且对发展中国家金融发展政策产生直接的推动力，导致发展中国家纷纷进行以金融深化为主要内容的金融自由化改革。

总结 20 世纪 70 年代以来的金融发展理论，大致可分为两个阶段。

第一阶段为 70 年代中期到 80 年代末期。其主要研究工作是致力于金融深化理论的实证和扩充。除原有的金融深化理论开创者外，其余主要代表人物有加尔比斯、卡普等。他们的研究成果扩大了金融深化理论的研究框架，在吸收当代经济学最新研究成果的基础上，建立了宏观经济模型，扩大了金融发展理论模型的分析视野和政策适用范围，使之能不断适应发展中国家的实际情况。

第一阶段的研究成果除理论模型的扩展外，还进行了大量的实证研究。这些实证研究表明，提高实际存款利率有助于经济增长，如弗莱的实证研究表明实际利率提高 0.5 个百分点，经济增长提高 1.5 个百分点，说明该理论可用于指导发展中国家的经济实践。此外，他们实证考察了发展中国家推行金融自由化成功的经验和失败的教训，对金融发展政策做出了一些补充和扩展。他们总结了拉美一些国家，如墨西哥、巴西、阿根廷、乌拉圭、哥伦比亚等国金融改革失败的案例，认为金融改革应具备一些前提条件。他们赞成渐进的自由化措施，认为在缺乏有效监督和存款保险制度的情况下，一旦完全解除利率管制，容易造成大量坏账，使得许多银行倒闭。因此，发展中国家政府应加强对银行的有效监督，并注重金融改革的顺序和不同金融发展阶段金融改革的前提条件。

第二阶段从20世纪90年代开始到现在。从80年代开始，许多奉行金融压制战略的发展中国家纷纷实施以金融深化为核心的金融体制改革，继而有部分发展中国家在完成国内金融深化目标后，将金融发展重点转向金融开放，以求在全球范围内实现金融资源的合理配置，提高资金配置效率，强化金融对经济发展的支持力度。但是，在金融深化和金融开放过程中，发展中国家金融发展政策也暴露出一些问题，导致先后出现80年代初发展中国家债务危机、1994至1995年的墨西哥金融危机和1997年的东亚金融危机等波及全球的金融危机。由此，金融发展理论不断拓展研究领域，对有关金融发展成败的政策组合进行了着重的分析。

在第二阶段，除了内部增长模型的主流学派外，摩洛提出了一个消费与储蓄的三阶段生命周期模型。该模型分析了存在多种资产选择时，在内源融资与外源融资条件下的利率变化的影响。随着金融发展理论的兴起和不断完善，其影响力不断扩大，成为国际货币基金组织向发展中国家推荐的金融改革方案的理论基础。从70年代后期到80年代，亚洲及拉美国家纷纷进行金融自由化改革。现在，除极少数发展中国家的金融体制仍处于压制状态外，绝大多数发展中国家均认识到了金融在经济发展中的不可替代的作用，积极推进金融深化战略，致力于本国金融体制改革，减少对金融资源进行不适当的行政干预，最大限度地让市场机制决定金融资源配置。发展中国家经济发展业绩表明，金融自由化对经济发展有很大的推进作用。但是，金融发展理论作为金融理论的一个新分支，其理论体系远没有西方金融理论那样成熟和完善，理论阐述基本上是描述性、分散性的，没有形成一个公认的理论体系，以致发展中国家在金融自由化中出现一系列金融危机，严重影响了发展中国家经济发展进程。这些因素促使经济学家深入探讨金融发展政策中存在的问题，在理论和实证两个层次上完善金融发展理论，以解决发展中国家在金融发展中遇到的紧迫问题。

## 第二节　金融发展理论的局限性分析与相关学派

### 一、理论的局限性

综观金融发展理论的历史演变顺序，金融发展理论是从两个方面展开理论命题的：一方面，金融自由化是否促进投资与经济增长；另一方面，分析金融体系是否、如何、怎样促进经济增长，以及金融体系变革的动力。

绝大多数研究金融理论的经济学家在对第一个问题的看法上，都认为金融发展对经济增长起着十分重要甚至关键的作用，并且相当数量的实证研究也支持金融发展促进经济增长的结论。但仍有一定数量的经济学家对金融发展的作用持否定态度，认为金融发展只是被动适应经济增长的需求，对经济增长无法发挥积极主动的推动作用。琼·罗宾孙认为金融发展是由经济增长引发的，金融只是被迫扩张来满足经济发展的需求。甚至一些经济学家认为，就经济增长而言，金融发展并不重要。罗伯特·洛卡斯认定，经济增长中金融因素的作用被过分突出了。而相当数量的发展经济学家，如杰拉尔德·迈尔和达德利·赛尔斯认为发展经济学的三个重要研究方向并不包含金融。甚至尼古拉斯·斯特恩斯认为发展经济学不应研究金融问题。博伊德和史密斯则从实证角度认为，金融结构是否促进经济增长并未确定，因为在不同国家，其经济环境和法律制度的差异导致金融结构差异较大，还无法确定到底是经济增长引发金融发展，还是金融发展在多大程度上促进经济增长。他们认为，应强调金融研究要重视研究“经济过程的双重性质”，而不是集中注意于金融本身。此外，美国经济学家林顿·拉鲁孙在 1994 年 6 月发表的《未来金融市场的崩溃》一文中，还主张从物质经济的两个主要要素——劳动力和科技进步以及两者的关系出发来分析金融发展问题。基于金融衍生产品交易的虚拟经济，本身蕴含着金融危机的可能性，政府应加强对金融交易的监管，抑制脱离实质经济活动的金融交易的快速发展，加大对生产性经济基础的长期低息贷款的投资力度，使金融和经济协调发展。

作为以金融自由化为核心的金融发展理论，在理论模型设计、金融发展机制与政策设计等方面与其他经济学派有一定分歧，受到一些经济学家的批评。这种批评主要来自新凯恩斯主义、新制度主义及马克思主义等方面的研究学者。他们在批评以金融自由化为核心的金融发展理论的同时，阐述了各自对金融发展与经济增长关系的不同观点。

## 二、新凯恩斯主义学派

### （一）凯恩斯学派的观点

1. 凯恩斯学派之争

在整个 20 世纪 50 年代和 60 年代前期，经济学家对能最好地解释经济运行的模式类型有过广泛一致的看法。这一学说的中心点就是所谓的“收入一支出模型”。自然，这种看法随着时间的推移，已经经历了一些修改，但其要旨仍为许多经济学家所提倡，特别是在英国。这里所表达的凯恩斯学派观点，与英国一个重要的独立预测机构，即英国国家经济和社会研究所（The National Institute of Economic and Social Research，NIESR）紧密相关。凯恩斯学派的观点可能是英国财政部所坚持的，而且直到最近仍为另一独立的宏观预测机构，即伦敦商学院（The London Graduate School of Business）所遵循。毫无疑问，英国许多大学的经济学家也属于“凯恩斯学派”。这里需要提到卡恩和波士勒，因为他们是首先捍卫凯恩斯学派观点，反驳新剑桥学派经济学家攻击的。凯恩斯的模型主要用于短期（大约六个月到两年）的预测和政策分析；并且该模型也已经能够用于中期或长期（两年到十年）的分析。

一般来说，凯恩斯学派最显著的特征是，坚信财政政策与货币政策相比，财政政策是居首位的，甚至说“货币无关紧要”；坚持汇率是实现国际收支差额目标的重要政策工具；认为收入政策在帮助实现通货膨胀目标方面是重要的。最后，凯恩斯学派相信，如果政府当局以相机抉择的方式而不是按照某些简单规则的约束来运用政策工具的话，就可能得到更加稳定的宏观经济环境。

过去几十年来，多数西方工业化国家都遇到了宏观经济方面的问题。有人断言，这些问题带有危机成分。这类国家中有些出现了高通货膨胀率，同时，生产增长缓慢而失业率高，这一前所未有的事态，已被称为“滞胀”。在这段时期内，这些国家的国际收支往来账户出现了巨大的不平衡，伴随着大量的资本越过外汇市场流动，引起汇率的急剧变化。

人们一直普遍认为，宏观经济政策就是采取一些办法，即可利用诸如政府支出、货币供应和汇率等某些政策工具，去实现某些理想的宏观经济目标，以达到充分就业、国际收支平衡及低通货膨胀率的目标。若干工业国，突出的是英国、意大利、美国和法国，已因没有实现这些目标而处于不值得羡慕的地位。宏观经济的成绩如此不妙，已引发一种紧迫感，并使那些声称能对这一危机提出解决办法的人们之间的争论尖锐化。事实上，从 1936 年凯恩斯的《就业利息和货币通论》问世以来，经济学家们对宏观经济政策行为的看法还从未出现过目前这样的分歧。

在这场争论中，几个主要学派提出的政策方案所依据的理论观点和经验证据有很多。要把有关宏观经济政策行为的大量的分歧和复杂的观点组织成少数互相密切结合的派别，这是既困难又危险的。其困难在于，虽然我们明确了某一特定学派的观点，但不是该学派的所有成员的观点都恰好完全一致；其危险在于，人们有一种倾向，认为每个学派的观点与其他任何派别完全不相容。尽管注意到这些困难，将这些分歧的观点归纳成对立的学派，这从教学和方法论的立场上看似乎是有益的。

2. 财政、通货膨胀和汇率的政策

在凯恩斯学派的模型中，财政政策通过人们熟悉的乘数过程影响着产量。由于就业与失业主要决定于产量，所以财政政策工具是实现特定就业目标的首要武器。

在1966年以前，大多数凯恩斯主义者或许相信简单的菲利浦斯曲线的关系，即在未实行收入政策的条件下，工资上涨率主要是受失业水平所代表的劳动市场上过度需求的影响。另外，价格决定于单位产品成本加成法，而单位成本的主要决定因素包括工资成本和进口价格。因此，政府对工资和价格上涨率施加影响（假定进口价格大都在政府的控制之外），主要是通过改变财政政策作用于失业水平。1966年以前英国的菲利浦斯曲线表明：在失业率与通货膨胀率之间的这种“交替关系”还不太严重。假定进口价格保持稳定，劳动生产率按它们的长期增长率趋势每年约提高2.5%，则失业水平稳定在2.5%左右，能保证物价的上涨率为零。

这种简单的菲利浦斯曲线关系在决定国际收支（往来账户）状况方面也起着很好的（虽然是间接的）作用。因为进出口数量部分决定于一个国家的竞争地位，所以对于英国来说，如果其失业率能够保持在2.5%左右，则英国的价格在世界市场上就会有竞争力，而国际收支也接近平衡。因此，按前期凯恩斯学派的看法，税率（在较小比例上，还有政府支出）可以调整，以便使失业率保持在能保证通货膨胀率低和国际收支接近平衡的水平。再者，如果因某些原因，国际收支确实变成基本不平衡，则可按新的平价钉住汇率，来加以纠正。例如，假定国际收支出现逆差，则一次性的货币贬值就能使国际收支状况获得永久性的改善。事实上，这正是在20世纪60年代中期，凯恩斯学派为英国鼓吹的政策，当时政府为追求低失业水平，已导致（通过菲利浦斯曲线）英国货定价过高而失去世界市场，从而引起支付赤字。

在1966年以后，凯恩斯学派的观点有一个重大的变化。他们不再相信菲利浦斯曲线关系，即工资上涨率可能受到过度需求或失业水平的强烈影响。相反，他们逐渐地支持这样的观点：即工资上涨率主要决定于某些形式的工会权力或推进力。工会推进力独立于其他宏观经济变量之外而起作用，各工会利用它们谈判的力量，企图使工资的增长超过以前的或预期未来的物价和生产率的增长。因此，财政政策在对通货膨胀的战斗中至多是一种辅助的政策工具，而为某种长期收入政策所取代。

除工会权力外，国际事务也在凯恩斯学派对通货膨胀的解释中占有相当大的分量，特别是在20世纪60年代后期以及整个70年代。通货膨胀的这种国际传导通过各个国家的进口价格的变动而起作用，进口价格经由价格加成的假设，引起国内价格的变化和工资—物价螺旋式上升。进口价格最初的变动可能是由本国通货的贬值或重新估价所引起的，或者是由世界商品价格的变动所引起的。

3. 货币和信贷政策

这里我们概述主流的凯恩斯学派对货币与信贷政策的作用的观点。值得注意的是，这是一项特别困难的任务，因为坚持凯恩斯学派观点的个人和群体在这方面确实有些分歧意见。直到1970年前后，多数凯恩斯主义者认为，在未到充分就业时，货币供应的变动对于产量水平或通货膨胀率并无影响。在20世纪60年代和70年代，货币学派强调货币供应作为政策工具的重要性，这种观点在所有工业化国家的若干经济学家中逐渐得到承认。如果把当代凯恩斯学派对货币供应的作用的观点看成是毫无变化的，这不公平。然而，我们列入凯恩斯学派的那些人仍然相信货币供应对于产量和物价的影响无足轻重。因此，在极为广泛的限度内，货币供应增长率是一个不重要的政策工具（就其影响这些政策目标而言）。

还有一种情况，即凯恩斯学派并不支持固定的（甚至灵活的）货币供应增长率目标。他们相信，这种政策可能引起政府在汇率或财政政策决策上的不合需要的变动。因此，虽然凯恩斯学派并不反对货币供应增长率的大幅度上升对产量和通货膨胀率有一些影响，但是在英国现有的或可能出现的经验范围之内，凯恩斯学派的立场仍然可以描述为，为了一切实用的目的，“货币是无关紧要的”（就影响产量和通货膨胀而言）。

凯恩斯学派主张，利率的大变动可以改变住房建筑的投资水平、固定投资或者存货，但这种影响被认为是不大的、不确定的。因此，利率并不用来改变产量水平；然而，改变资本流量水平（在实行固定汇率制下）在影响国际收支状况方面，又是重要的。在信贷政策工具方面（诸如租赁—采购信贷和银行对私人部分贷款的水平）的变化，被认为是对消费者在耐用品方面的支出水平具有可以预见的有力影响。凯恩斯学派认为，政府应当直接规定信贷的最高限额来影响这些变化的幅度。

4. 规则与相机抉择

凯恩斯学派相信可以通过相机抉择的方式运用政策工具，去影响短期的和长期的经济。这种观点的内在含义是，没有政府的干预，政策目标将会发生不合需要的变化，即经济有某种意义上的不稳定。再者，要使相机抉择取得成功，必须大体上使这种“不稳定性”既能预测（采用宏观经济模型的预测），又能为各种政策工具的事先运用所抵消。

### （二）后凯恩斯主义经济学的基本特征

我们又如何将后凯恩斯主义经济学派同其他非主流经济学派区分开来呢？很多学者总结归纳出后凯恩斯主义经济学的七个特点。前两个特点——有效需求原则和历史时间的动态发展最为基本。这两个特点经常在后凯恩斯主义经济学的叙述中出现。后面的五个特点则起到辅助的作用，它们是可变价格的不稳定性、货币型生产经济、根本的不确定性、非主流微观经济学、多元化理论。它们是前两个特点或者前面提到的预先假设所产生的结果。总之，并不是所有后凯恩斯主义经济学家都将这些特点摆在同等重要的位置，其他学派也会采用其中的一些要素。

1. 有效需求原则

以有效需求原则为依据，商品的生产应该适应商品的需求。这个原则是后凯恩斯主义经济学的核心。经济是由需求决定的，而不是被供给或者禀赋左右的。这就意味着投资跟储蓄是不相关的，投资和资本积累也不会受到家庭预期消费决定的影响。当然，其他一些经济学家也有同样的观点，但他们只把这种观点用于短期的条件下。特别是马克思主义和新凯恩斯主义经济学家，他们承认短期内总产出和国民收入是由总需求决定的。但从长期来看，他们都认为经济受到供给条件制约。在新古典主义总需求与总供给模型中，长期总供给曲线往往是垂直的。这意味着长期内经济实体无论在怎样的价格水平下都无法提高产量。在菲利浦斯曲线的理论框架里，基于同样的理由，在自然失业率或者非加速通货膨胀失业率的水平上，菲利浦斯曲线也是垂直的。这个自然失业率是唯一的并且独立存在的，不受过去和目前失业率的影响。

此外，在索洛增长模型中，长期经济增长只受外生的人口和科技增长的限制。与之相似的是，在马克思主义经济增长模型中，资本积累的长期增长率受到利润储蓄率和利润率的限制。这些限制都是由供给决定的变量。与之不同的是，后凯恩斯主义理论不同意长期增长受到供给条件制约这个观点。后凯恩斯主义学者认为，有效需求原则在短期和长期内都是极其重要的。

2. 历史时间的动态发展

后凯恩斯主义学者受到琼·罗宾孙的启发，强调历史时间和逻辑时间的不同。后凯恩斯主义学者在这个问题上，并不关心经济如何从一个均衡位置移动到另一个均衡位置。当经济系统中某些参数发生变化从而导致需求和供给曲线左右移动时，他们假设这种移动会瞬间完成。一旦经济到了新的均衡点，他们马上开始比较经济在新位置与在旧位置发生了怎样的变化，他们所有的结论也是基于这种分析。

历史时间则完全不同。时间是不可逆转的，经济个体只要执行某项决定，除非付出极高代价，否则这个过程将无法逆转（比如某人以高成本投资建造工厂）。如果说稀缺资源是存在的，那么它一定是时间。因此，长期的经济表现跟短期的经济运行是分不开的，长期经济表现只是一系列短期经济运行的结果。因此，后凯恩斯主义经济学家认为在任何外部冲击影响下的经济运行轨迹都是非常重要的。

这也让后凯恩斯主义学者着眼于经济动态模型的分析。这种动态模型能够更好地解释物质资本和金融资产随时间变化的发展过程。这些模型还需要解释经济生产率结构的变化，这也是动态时间分析的根本。可以肯定的是，均衡点跟经济过程的不可分割性并不是一个新的观点。凯恩斯和很多后凯恩斯主义学者如卡多尔和海曼·明斯基很久以前就支持这个观点。有趣的是，这些曾经被认为很难模型化的观点现在已经成为基于滞后效应、路径依赖性，不可逆性和锁定效应（如 QWERTY 和 AZERTY 标准键盘的使用）的非线性数学发展的核心内容。这些方法也最终使多重均衡成为可能。虽然并不是只有后凯恩斯主义学者倡导这些观点，但这些观点深深印在他们的经济学理念中。

3. 可变价格的不稳定性

后凯恩斯主义学者否定作为新古典理论核心的可变价格原则。他们并不重视替代效应，而是更多考虑收入效应。后凯恩斯主义学者认为，可变价格可能导致不稳定性。比如，新古典主义经济学家相信名义和真实工资的降低会使经济重新回到充分就业的状态，而后凯恩斯主义学者认为这些措施只会让情况更糟。这是因为不管是名义或者真实工资的下降都会降低工人的购买力水平，从而降低了有效需求并增加了企业的债务负担。

4. 货币型生产经济

在货币型生产经济中，这些债务是不可避免的。现代经济建立在以货币（如美元或英镑）为基础的经济合同上。它们不是以具体实物的数量作为衡量标准的。家庭不能直接拥有大型企业的物质资产，但他们可以获得金融资产，而且，他们对非流动性金融资产的抛售欲望会引发金融危机。后凯恩斯主义经济学的核心是投资，其决定权取决于企业家和工厂，跟社会的储蓄水平无关。从这个角度上讲，银行的作用非常重要，因为银行贷款给处于生产最初阶段并急需资金的工厂。后凯恩斯主义学者认为，只要企业信誉良好，银行就可以贷给企业资金，但这种信誉又取决于企业的负债水平。这就是卡莱斯基的“风险递增原理”，这在资本主义经济中具有重要意义。流向企业的贷款以及贷款利息还在很大程度上取决于经济体的扩张程度，这跟银行的资产流动性偏好有关。

5. 根本的不确定性

“流动性偏好”经常与“根本的不确定性”联系在一起，这个理论通常被认为出自凯恩斯和弗兰克·奈特的著作。在新古典主义理论中，“根本的不确定性”与“概率风险”是两个不同的概念。“根本的不确定性”这个说法还跟后凯恩斯主义理论的其他两个概念有关，即历史时间和有限理性。在历史时间中，未来跟过去和现在不同，也就是说，我们在过去所观察到的均值和波动并不会在其他时间出现。就像沙克尔讲的那样，在事件的进程中每个关键的决定都在破坏这个进程。这让我们对建立在统计分析和计量研究基础上的结论和预测产生怀疑。现在发生过的事件在未来重演的可能性微乎其微。

后凯恩斯主义学派的重要成员，像戴维森和明斯基都相信“根本的不确定性”的存在彻底摧毁了新古典主义理论的根基。虽然这种不确定性在现实世界里广泛存在，但新古典主义学者却无视这个观点，并依然使用概率密度函数。诺贝尔经济学奖获得者罗伯特·卢卡斯曾经说过：“在不确定性下，任何经济推理都是没有价值的。”戴维森的一句话现在已经成为后凯恩斯学者的座右铭：“大体正确总好过彻底错误。”大体准确地描述一个现实世界总强过精确地描绘出一个虚幻的世界。许多经济学家都认为琼·罗宾孙和尼古拉·卡多尔在他们过世前应该获得诺贝尔经济学奖。然而一位在加拿大出生的美籍后凯恩斯主义经济学家威廉·维克里在1996年因为他在信息理论方面的贡献而获得诺贝尔经济学奖。他在奖项宣布的三天后逝世。瑞典皇家科学院的成员们在听到他的颁奖演说后一定会非常惊讶。在维克里人生的最后12年里，他多次参加著名后凯恩斯主义经济学家保罗·戴维森组织的学术研讨会。维克里认为现代经济最大的问题是总需求的结构性不足。所以，只有大规模财政赤字才能实现充分就业。他强烈反对像《马斯特里赫特条约》那样限制财政赤字的政策。

6. 非主流微观经济学

新古典主义微观经济学理论主要涉及了两个经济学概念——边际主义和边际效用递减理论。这两个概念的含义是，我们得到某种商品越多，从商品中获得的效用就越少。任何商品的重要性都由它产生的总效用来表示。商品的价格也是由多获得一件这种商品而产生的额外效用，也就是边际效用来表示。这就是边际主义。

最初的新古典主义经济学家将生产理论模型建立在消费理论的基础上。收益递减原则只是简单复制了边际效用递减原则。虽然人们常常惊叹于这两项原则在分析消费者和企业理论方面所表现出的统一性，但这两项原则并不是自然过程产生的结果；相反，它们是早期的新古典主义学者凭借对称性幻想虚拟构造出来的。

后凯恩斯主义理论拒绝接受无差异曲线和新古典主义理论中的等量曲线与著名的U形成本曲线。此外，在解释企业主和消费者行为规则方面，两个学派也有很大不同。

在发展消费者选择理论的时候，后凯恩斯主义学者借鉴了心理学家、社会经济学家、制度主义者、市场营销专家、行为学派经济学家和其他一些经济学家诸如尼古拉·乔治斯库洛根和赫伯特·西蒙的研究成果。德拉科普洛斯指出，凯恩斯也很有可能支持这些非主流消费者理论。这些理论不是建立在公理之上，而是建立在可见的行为之上。芳塔娜和杰拉德指出，近期很多经济学家和心理学家在不确定性决策试验中都清楚地证明了后凯恩斯主义思想的正确性。

但在讨论后凯恩斯主义消费者选择理论之前，我们需要弄清楚偏好和需求两个概念的区别。具有讽刺意味的是，与他们的先驱者马歇尔和门格尔不同，当代新古典主义经济学家经常混淆这两个概念。其实很简单，需求往往可以被划分成等级或者层次，也就是说，需求是有等级体系的。而偏好则是由需求延伸而来并在某个特定的需求层次形成的不同选择。我们可以用下面这个比喻来更好地表达这种差异——口渴表现为人们对水的需求，而到底选择可口可乐还是百事可乐则纯粹取决于人们对哪种饮料的偏好。大多数消费者的决策都是自主产生的，而且符合常规和习惯。比如，人们在选择沙发的时候，颜色的选择跟皮质的选择相比，就显得不那么重要。除非是购买非常重要的东西，否则消费者一般不会对消费品考虑得过于周全。也就是说，这种代价较小的非补偿性决策标准会使得消费者更快地做出决定。另外，消费者还会考虑到极限性，也就是满足需要原则超过了一定的极限，购买额外的商品不会给消费者带来任何满足感。虽然这看起来很像新古典主义理论中的边际效用递减原则（新古典主义不饱和原则），但这两者非常不同。后凯恩斯主义的满足原则存在于正向价格和有限收入的基础上。

接下来的两项原则最为重要，因为它们都在经济领域有强烈的反响。根据需求分离原则，我们可以对需求或者消费者所购买的商品进行清晰分类。如果只考虑各种商品之间的比较价格，我们几乎无法准确地将收入分摊到各种消费品上。但是，面对这种复杂性，消费者可以将自己的决定简单化和细分化。比如，他们首先把自己的收入定位在某些种类的消费品上，像食物、衣服、服务、休闲、住房和交通。在购买具体某种消费品时，他们再将其细分成互相独立的个体进行权衡。因此，每一笔开销都会以不同的可能性分配到细化后的个体之中。

细分后的某种商品和服务相对价格的改变，不会影响到其他种类的商品和服务，它只会对同一种类内部的消费决策产生影响。举例来说，衬衫价格的降低可能影响到对裤子的需求，但不会影响到对服务业和计算机的需求。只有这个种类里面所有的商品价格全部增长，才会影响到对其他种类商品的消费。比如，所有衣布类商品全面涨价会影响消费者在食品上的开销。事实上，实证研究显示主要商品种类（民生类）的价格弹性非常低，交叉价格弹性也接近于零。也就是说，不同种类的商品之间几乎不存在替代效应。所以，在新古典主义理论中处于核心位置的替代效应只有在同类商品之间才存在。

如果我们考虑另一个重要的原则——需求层次，替代效应会被进一步削弱。这个原则来自马斯洛和他的人文心理学派的金字塔形需求层次理论（从下至上的顺序依次为生理需求、安全需求、社交需求、尊重需求、自我实现需求）。消费者的消费行为也会按照层次来排列——收入首先会被用于满足最基本的需求。如果还有剩余收入，则消费者自由支配这部分收入，通常是按照优先等级购买其他种类商品。也就是说，消费的选择是按照顺序排列的。

根据这项原则，效用不能用单一数值来表示。如果效用存在，它应该用一个向量来表示，向量中的每个变量代表一种商品。这也就是乔治斯库洛根所说的不可约性原则，我们也可将其称作不可通约性原则。

虽然后凯恩斯主义者从来没有系统发展消费者决定理论，但是在很多著名的后凯恩斯经济学家的研究中我们都可以发现这种理论的踪迹。如果我们一定要把需求分离原则和需求层次原则数量化，很多后凯恩斯主义经济学家都采用凯文·兰卡斯特对商品特征的分析。根据兰卡斯特的理论，消费者只是对某件商品的特性感兴趣，而不是商品本身。每件商品的特征都可以形成一个向量，所以全部商品累计起来会形成一个消费品矩阵。当矩阵被分解的时候，每种需求都会跟每类商品的一系列特征联系起来。这就是分离性原则。很多新古典主义学者也同意这种观点。

7. 多元化理论

现实世界有多种表现形式，这也是为什么非主流经济学家采用不同的方法研究现实世界。尤其对于后凯恩斯主义学者来说，这些方法的存在是不可避免的。但是，这些方法也可能存在缺陷，就像沃尔特斯批评的那样，后凯恩斯主义理论可能给人一种缺乏一致性的印象。后凯恩斯主义理论的最后一个特点是多元论，也就是理论和方法的多元化。后凯恩斯主义学派欢迎其他不同思想和学派的意见。例如，后凯恩斯主义学者经常在消费理论上同人文主义经济学家交换意见，也会在企业理论上接受制度经济学家的想法。

就像法国调节学派或者法国常规学派的经济学家一样，后凯恩斯主义学者从很多经济学家的理论中得到启发，如马克思、凯恩斯、卡莱斯基、卡多尔、莱昂惕夫、斯拉法、范伯伦、加尔布雷斯、安德鲁、乔治斯库洛根、希克斯，还有一些其他学科（社会学、历史学、政治学、心理学和人类学）的学者。所有这些理论和学科都有一个相同的主题：真相是以多种形式表现出来的，所有的方法，不管以数字还是以文字为表现形式，都是可以接受的。

**（三）后凯恩斯主义的理论分支**

后凯恩斯主义理论还远没有形成统一的体系，目前有三个独立的分支——基要主义者、斯拉法主义者和卡莱斯基主义者。

基要主义者的典型代表是戴维森和明斯基，他们都是受到凯恩斯的启发。他们强调“根本的不确定性”流动性偏好、金融不稳定性以及方法论问题。这些通常被称作美国后凯恩斯主义经济学家的学者认为后凯恩斯主义理论比新古典主义理论的概括性更强。为了证明这个观点，他们一直以来都在抨击新古典主义理论中一些模糊的论断，如报酬递减原则。

斯拉法主义者则是受到了斯拉法的影响。同时他们也间接地受到了马克思主义经济理论的启发。他们主要关注相对价格、技术选择以及多部门生产系统内部固有的独立性（如投入—产出分析）。斯拉法理论还被贴上“剩余理论”的标签，因为该理论的模型评估了生产过程中间所产生的剩余。

斯拉法的研究还强调联合生产（如同时生产羊肉和羊毛）、固定资产的衡量以及价值的永定性选择。这些技术性很强的问题引起了非主流经济学者的极大兴趣并于20世纪70年代在欧洲公之于世。这主要是因为以下两方面的原因：①斯拉法的理论阐述了新古典主义分配理论的不合理性；②斯拉法的理论认为马克思的劳动价值理论过于简单化。即使如此，斯拉法的理论仍然被认为是捍卫马克思劳动价值理论的最后一块阵地，只是更加连贯和复杂化。

卡莱斯基主义者主要受到卡莱斯基的启发，他们还间接受到马克思主义的影响（尤其是在马克思如何分析已实现利润的问题上），更直接的影响则来自卡多尔和制度主义者。卡莱斯基主义者更具有兼容性，他们的研究涵盖了微观经济学（如定价过程）、宏观经济总体以及金融关系。

与基要主义者不同，卡莱斯基主义者不认为自己的理论比新古典主义理论更具有概括性，但他们认为自己的理论更真实，对工业或其他经济部门更具有现实意义。虽然很多后凯恩斯主义学者只遵循其中一种理论，但还有很多人受到所有三个分支的影响，其中包括阿尔弗雷德·埃西纳和爱德华·内尔。

后凯恩斯主义理论中的分歧主要集中在基要主义者和斯拉法主义者之间，具体表现在他们对新古典主义理论的批判方面。基要主义者认为新古典主义理论的错误在于它忽视了“根本的不确定性”、缺乏遍历性，以及与货币型生产经济相关的一些特征；斯拉法主义者否认新古典主义理论的依据则是新古典主义理论建立在以可变生产要素价格（真实工资、真实利率）为导向的调整机制的基础上，而这种用于表现相对稀缺性的假设被他们证明是错误的。在罗宾孙看来，斯拉法主义者的批判往往被基要主义者和卡莱斯基主义者忽略是因为它是一种内在的批判，并没有引入很多后凯恩斯主义的基本特征，如历史时间。

一些后凯恩斯基要主义者认为，任何试图统一这三种分支思想的做法都犯了策略性错误。最近一些学者在总结后凯恩斯主义理论时都将斯拉法主义排除在外，因为它的主题和方法都与其他的后凯恩斯主义思想相距甚远。虽然这里并没有详细介绍斯拉法学派的核心思想，但我们依然把这个学派归入后凯恩斯主义思想中。这主要是出于两个原因：第一，从历史和个人角度上讲，斯拉法主义跟后凯恩斯主义有非常密切的联系；第二，更重要的是，每当斯拉法主义者讨论宏观经济学时，他们使用的模型跟后凯恩斯主义经济模型非常类似。

如果我们忽略批评，重新来积极评价每种思想的贡献，我们会发现实际上它们都有一个共同点——它们都非常重视有效需求原则。例如，斯拉法主义者加里·蒙吉奥维在有效需求基础上建立的就业模型得出与卡莱斯基模型类似的结果。斯拉法主义经济学家海因兹所使用的基于有效需求理论的增长模型也是从卡莱斯基模型中演变而来。达特和阿马德奥在对比分析三种思想的联系时，也提到“新李嘉图凯恩斯主义者”。

这些理论还有一些其他方面的共性。在讨论成本曲线的形状或研究货币经济学时，我们可以发现斯拉法主义和后凯恩斯主义的密切联系。一些斯拉法主义者使用内生货币模型并认为央行只能控制短期利率，这两个主题都是基要主义者和卡莱斯基主义者研究的中心内容。此外，斯拉法主义者在分析自然资源价格，尤其是石油价格的时候，没有使用任何稀缺性的假设条件。他们使用了一些后凯恩斯主义的关键理论，如“根本的不确定性”和技术进步的固定增长率。

我们更倾向于卡莱斯基的思想，而不是后凯恩斯基要主义思想，主要是鉴于以下原因。第一，卡莱斯基有效需求理论更加清晰、真实、连贯。第二，模型的构架和难易程度也更容易使人们理解。因此，卡莱斯基理论代表了一种对“别无选择”理论的完美更正。第三，卡莱斯基模型非常灵活，它为很多非主流经济学家（如马克思主义者、斯拉法主义者、结构主义者和调节主义者）提供了理论依据，他们都是在卡莱斯基模型的基础上改进演化出自己的模型。第四，卡莱斯基模型很适合于计量经济研究，卡莱斯基自己就是一位计量经济学家。最后，我们尽量坚持兼容并包的原则，将后凯恩斯学派所有思想融入主题中。

**（四）后凯恩斯主义和新凯恩斯主义**

过去几十年里，新古典主义理论中新凯恩斯主义思想渐渐兴起。这种思想在很多方面对新古典主义经济学和无限制自由市场理论提出批评。那么后凯恩斯主义和新凯恩斯主义之间有何联系呢？这个问题很难回答。首先要肯定的是，他们都属于新古典主义学派，因为他们所使用的分析工具与他们所批判的新古典主义经济学家相同。与后凯恩斯主义相似的是，新凯恩斯主义也有多个分支。

我们可以把新凯恩斯主义学派的分支归结为三种。前两种有时被称作弱性新凯恩斯主义。第一种试图解释名义变量的刚性（即非可变性），这种刚性被认为阻碍了经济的正常波动。从这个角度上讲，第一种新凯恩斯主义者提出的经济政策与新古典主义者非常类似。在第二种分支的新凯恩斯主义者中包括了斯蒂格利茨等人，他们肯定了不对称和不完全信息的存在并尝试解释真实变量的刚性。对于他们来说，短期内工资和价格的可变性对于分析经济系统的最优化没有任何帮助。第三种新凯恩斯主义者也被称作后瓦尔拉斯经济学者。这类学者建立多重均衡模型，并将之归因于协调性问题。虽然这种思想在很大程度上受到了一般均衡理论和理性预期的影响，但它最接近后凯恩斯主义理论，因为它质疑自然失业率和唯一自然增长率的存在。这些模型具有复杂和混沌的动态特性，这些特性破坏了其自身的理论基础。新凯恩斯主义者宣称“在现实世界中不太可能实现理性预期”，而且他们也为“根本的不确定性”提供了清晰的理论基础。

这两个学派在计量研究，尤其是在货币政策和投资函数领域，也存在一些共同点。在这两个领域，他们都引入卡莱斯基所提倡的流动性限制。这个思想的主要支持者，是新凯恩斯主义计量经济学家斯蒂文·法扎利，他实际上是一位真正的卡莱斯基主义经济学家。后凯恩斯主义者和新凯恩斯主义者在约束最优化和有效需求领域分歧明显。后凯恩斯学者认为有效需求理论在经济学里是关键的，而且是居于统治地位的；而新凯恩斯主义者则认为总需求通常是外生的，对经济的影响主要来自供给方面。

**（五）新凯恩斯主义学派对金融发展理论的批评**

1. 对金融发展理论三个方面的批评

（1）用有效需求的观点反驳麦金农、肖的金融深化理论

伯克特和达特认为，在资源过剩的经济中，存款利率上升会导致两方面效应：一方面会使存贷款量增加，利率均衡点下降，从而导致投资和产出增加；另一方面，使储蓄的边际倾向上升。如果第二方面效应超过第一方面效应，使总需求和产出下降，导致利润率下降，抑制公司投资动机，其结果会使金融自由化后的投资水平比金融压制状态时更低。

（2）认为即使在完全竞争的市场中，信贷配给也不可能消除

新凯恩斯主义者否定了金融发展理论提高利率、减少政府干预会消除信贷配给，从而提高投资质量的观点。金融体系的重要作用之一是收集、整理信息，把信息用于合理分配资金并监督其使用。但由于信息不对称现象的存在，提高借款者的利率可能会逆向影响银行贷款的质量，其原因是存在逆向选择效应和道德风险效应。并且，信息的不完备更使银行无法区分借款者的风险。

（3）提出由于市场失灵的存在，政府在金融市场中的作用十分重要

竞争与不受管制的金融市场由于外部性与规模经济、信息不对称的存在，增加了金融体系的不稳定性。金融市场的外部性，有些是积极的，如企业投资可以带来社会效益，增加就业和总需求；但也会带来严重的金融恐慌，如一家

银行的破产会引起连锁反应，引起整个银行体系危机。规模经济的存在说明了完全竞争不能带来专业化和多样化经营收益。信息不对称更会降低银行信贷质量。由此说明，金融自由化并非是最优选择。如戴滋和亚历简德罗认为金融市场失灵的普遍性意味着金融机构不适用自由化政策。斯蒂格利茨进一步指出，由于市场的失灵，政府在促进储蓄、保持金融体系稳定、建立发展银行与资本市场等方面有着重要作用。

2. 凯恩斯关于信贷扩张的三个批评论点

凯恩斯明显试图否认银行信贷在扰乱储蓄与投资之间关系上所起的任何作用。实际上，直到凯恩斯出版《就业利息和货币通论》的时候，他与哈耶克已经有过多次交锋，足以让他看出哈耶克的主要论点：信贷扩张导致企业家投资与社会真实自愿储蓄之间在时间上的不可持续的分离。如果哈耶克的命题是正确的，他就给了凯恩斯理论以致命的一击。因此，推翻哈耶克的论证对于凯恩斯来说就至关重要了。

首先，凯恩斯声称，银行信贷对总投资不存在任何扩张效应。他的这一断言所依据的是下面这个会计学论据——相应的债权头寸和债务头寸互相抵消了。实际上，我们不得不调整，以适应债务的创造和偿还（还包括信贷或货币数量的改变）。但是，由于对整个社会来说，总债权头寸的增减始终等于总债务头寸的增减，当我们处理总投资的时候，这一难题也互相抵消了。然而，这不可能遮蔽信贷扩张对投资的扭曲性影响。诚然，一个人如果从一家银行接受了一笔贷款，他因为这笔贷款而成为银行的债务人，同时又因为这笔存款而成为银行的债权人。正如安德森所指出的，借款人欠银行的债务并不是货币，他收到的付款是一个活期存款账户，这明显是货币（或者更准确地说，是完美的货币替代品）。一旦借款人决定把贷款资金投入资本品中，投入生产要素提供的服务中，他就是使用这笔货币来增加投资，同时并没有发生相应的自愿储蓄的增长。他这样做并没有改变其欠银行债务的稳定性。

其次，凯恩斯认识到了其“会计学论据”的极大弱点，于是又提出了一个论据。他坚持认为，银行创造出来并发放给客户的新增贷款资金并没有被用来给高于自愿储蓄水平的新投资融资，因为借款人接受的新近创造出来的货币可以用于购买消费品。在某种程度上新增货币没有被用来购买消费品，凯恩斯推理，它无疑被“储蓄”起来了。因此，当投资的时候，其数额刚好等于“真正的、先期的”储蓄数额。凯恩斯明显依赖储蓄与投资之间事后追溯性的等值，来避开信贷扩张对投资和生产结构产生的不利影响。

然而，一切储蓄都需要克制和牺牲之前对商品和服务的消费，而不仅仅是放弃无中生有地创造的新增货币所提供的潜在消费。否则，信贷扩张所导致的货币供给的任何增长都会相当于“储蓄的增长”，而这完全是毫无意义的。即使我们为了论证方便，承认所有通过新增信贷提供资金的投资都立即被同时“储蓄”。还有一个问题我们依然要面对，一旦新增货币到达其最终持有者的手里，如果这些人决定把全部或部分新增货币花在消费品和服务上，生产结构就会暴露出资本太密集的特点，衰退还是会爆发。尽管做出各种诡辩，凯恩斯还是否认不了这样一个明显的事实：人为的信贷扩张并不能确保经济主体会比他们在通常情况下做出更多的储蓄和投资。此外，凯恩斯竟然坚持认为，自愿储蓄并不能保证更多的投资，同时却宣称一切投资都意味着先期储蓄。如果我们承认储蓄和投资的经济主体是不同的主体，而且他们的决定缺乏协调可能妨碍均衡。那我们就必须承认，这样的失调不仅可能存在于自愿储蓄的一方（更多的自愿储蓄没有投资），也可能存在于投资的一方（更多的投资没有先期储蓄）。在前一种情况下，会出现货币需求的增长，这种增长将引发几种互相叠加的效应：都是自愿储蓄所引发的那些典型效应（相对价格结构的改变，这些改变导致投资过程的延长），以及由于货币购买力增长所导致的那些效应。在后一种情况下，一种人为拉长的生产结构被创造出来。它是一种不可能无限期维持下去的生产结构，因为经济主体不愿意进行足够的储蓄。这还表明了紧接着信贷扩张时期之后，危机和衰退的开始。

最后，在试图反驳奥地利学派关于信贷扩张的有害影响的假说时，凯恩斯提出了第三个也是最后一个论据。他宣称，信贷扩张可能最终被用来给投资增长提供资金，这会导致收入的增长，最终也增加了储蓄。因此，凯恩斯相信，企业家不可能以快于公众增加储蓄的速度把他们借贷的资金用于投资。凯恩斯明确声称，投资速度超过储蓄速度是不可能的。他的主张基于其同一反复的信念——投资和储蓄始终是相等的，这一观念使得他无法理解通过新创贷款来融资的投资对生产结构所产生的破坏性影响。然而，就算假设投资增长导致真实收入的增长，我们还是不知道这种收入的增长究竟能不能刺激储蓄的增长，使之足以永久性维持起初由信贷扩张融资的新投资。我们必须记住，哈耶克已经证明，收入增长如果源自通过新的信贷扩张来融资的投资，它就不足以激发能够维持最初投资的自愿储蓄。实际上，如果这样的投资想得到随后自愿储蓄增长的支持，经济主体最终就不得不把源自新投资的所有货币收入全都储蓄起来。

## 三、新制度主义学派

新制度主义学派认为，麦金农和肖的金融深化理论忽略了制度对经济绩效的作用。新制度主义者认为，在现实经济中，市场是通过一系列的制度，如国家、企业、工会、银行等进行运作的，这些制度在收集信息、降低风险方面发挥着重要的作用。帕特里克区分了需求引致型金融与供给主导型金融。人们通常认为，正常的金融调整是根据需求被动进行的，只要政府不干预和限制金融机构行为，合适的金融体系就会自动生成。对此，帕特里克进行了批评，他强调了金融的供给主导角色，即金融机构能够主动地促进工业化与经济增长，特别是在经济发展的早期阶段。

库拉奇和戴蒙特德斯等则强调金融发展中的市场结构与银行行为因素。库拉奇认为，政府的金融压制或金融深化政策会受到市场结构的影响。戴蒙特德斯认为在金融压制的各种模型中，金融机构作用要么被忽视，要么是完全被动的。除少数案例外，金融机构被视作完全竞争者，存款转为贷款是没有成本的。而实际情况是，发展中国家的银行业通常是为少数银行所垄断的，加上信息的不对称，银行业并不是完全竞争的。金融压制政策对存款的影响取决于市场结构，因此贷款量的增加可以在不改变利率的条件下实现，即在利率不提高的情况下也能实现金融深化。

## 四、马克思主义学派

马克思主义关于金融发展的经典分析主要是以资本主义国家为研究对象的，很少直接论述金融在发展中国家的作用。为此，当代国外马克思主义经济学家对发展中国家金融发展问题进行了专门研究。其中美国马克思主义经济学家保罗·伯克特在论文中指出，信贷关系是随着商品交换的发展而发展的，利润的货币形式便利了资本的空间流动，加速了金融市场的发展，但金融发展理论关于金融自由化有利于第三世界发展的结论则过于乐观。

伯克特认为，第三世界国家之所以采取金融压制政策，是不能用政策失误或特殊利益集团压力而产生的金融约束来解释的。这种经济上的局限可能在某些政府官员中存在，但是作为对第三世界国家利率约束的一般解释是不充分的。伯克特把金融发展定义为资本积累过程中阶级关系发展的函数。在资本积累过程中，阶级关系的发展可以使通过资金流动和分配而占有的利润不断增加。银行在决定资本积累率中的作用是极为重要的，银行可以动员闲散资金，并把这些资金分散在竞争的资本主义企业，这时银行是作为社会资本的代表者而营运的，具有相对独立性，不受政府针对特殊的资本活动而颁布的政策的限制。但是在发展中国家为了改变其在国际分工中的地位，普遍制定的发展战略，无论是出口导向还是进口替代战略，都是为满足国内资产阶级利益而制定的。因此金融压制政策便成了政府引导资金向工业部门倾斜，促进工业化发展的重要措施，从而损害银行的相对独立性，造成资金配置的扭曲。这样政府信贷补贴可看成是对国内工业资产阶级的一种支持和改变国内特定部门资本的国际地位的政策工具。同样，实行金融自由化也是第三世界国家在经历了债务危机之后，由国际货币基金组织推行稳定计划的重要组成部分。利率自由化是全球资本重构计划的重要组成部分，目的在于吸引更多的国内储蓄用于出口工业的投资。在国际货币基金组织（International Monetary Fund，IMF）稳定计划之下实行利率自由化也有一定的限制，工人、农民与一部分从事进口替代工业的资本家不安，将会影响 IMF 的稳定计划的实施。政治限制在于保证 IMF 稳定计划得以顺利的实施，这需要大量的经济援助。这种金融自由化因国际分工不平等而出现的经济矛盾在那些最严格实行出口导向战略的国家，尤其是智利，得到最清楚的显示。由于外资的流入，国内与进口替代工业化相联系的贸易壁垒的瓦解，国外的竞争和国内生产的萎缩，流入的外资被用于不动产和股票投机。这种非生产信用的迅速增长和外债的积累，终于导致资本逆向流动和银行破产的局面。

# 第三章　金融发展的理论流派

长期以来，金融发展理论不断演变和发展，并且随着众多经济学家相关的研究工作开展与推进，金融发展理论更加丰富，形成了众多的理论流派。为全面反映金融发展理论的发展进程，本书特别选择各阶段具有代表性的金融发展理论进行介绍和评论。本章分为戈德史密斯的金融结构论、麦金农－肖的金融深化理论、卡普－马西森的金融发展理论、加尔比斯－弗莱的金融发展理论、丹尼尔－金宏宝的金融发展理论五部分。主要内容包括戈德史密斯金融结构理论的主要内容、对戈德史密斯金融结构理论的评价、麦金农－肖金融深化理论的主要内容、对麦金农－肖的金融深化理论的评析等方面。

## 第一节　戈德史密斯的金融结构论

### 一、戈德史密斯金融结构理论的主要内容

#### （一）金融结构的概述

为了方便研究，戈德史密斯将各类金融现象总结为金融工具、金融机构与金融结构三个方面。金融工具是一种债权和所有权的凭证，并且绝大多数的金融工具都是由金融机构发行和持有的，而各国金融结构的主要构成部分就是金融机构的相对规模以及各种金融工具。各国金融结构的差异在多个方面有所反映，包括不同金融机构和金融工具的相对增长速度、出现次序、适应经济结构变化的速度等。此外，各国金融发展的差异主要反映在金融交易、国民总收入等方面的质量及数量的变化中。对于金融理论而言，其主要职责就是找到决定一个国家金融结构及发展的关键性经济因素，并对这些因素如何促进金融发展这一问题做出系统阐述。为了揭示金融发展规律，戈德史密斯提出金融结构理论。

金融结构主要取决于金融工具和金融机构两个方面。因此，在研究和定量分析一国的金融机构时，可以从以下几个方面出发。

第一，从总量的角度看，金融资产与实物资产的关系。

第二，在各种金融工具中，金融资产与负债总额的相关分布。

第三，关于在金融和非金融机构部门中的负债总额和金融资产的分布情况，可以通过金融机构持有或发行的金融资产所占的比例表现出来。

第四，在各个经济部门中，金融资产与负债所处的地位。

此外，他还提出金融结构发展可以有效促进经济增长。主要理由如下。

①提高资金总量水平。金融工具的出现能使储蓄和投资职能相对分离，有效解决特定主体资金收支不平衡的矛盾。一方面，可以使单位投资大于或小于其储蓄，从而使其自身积累能力的限制得以克服；另一方面，可以促使储蓄者收益进一步增加。因此，为了使经济单位顺利完成储蓄和投资，金融工具的出现提供了一种相应的机制，这会对全社会储蓄和投资总水平的提高起到正向的促进作用。

②有效配置资金。金融机构的大部分业务就是在潜在投资项目之间有效配置相应的资金，以提高资金的投资收益率，如增加对边际收益率超过平均水平的部门、行业、项目和设备的配置份额，相应地减少其他方面的配置份额。戈德史密斯认为，与提高资金总量水平相比较而言，资金有效配置更有利于促进经济增长。总之，金融结构越发达，金融工具和金融机构提供的选择机会就越多。一方面资金总量的增加就越多；另一方面在一定的资金总量下，资金的使用效率就越高。因此，金融越发达，金融活动对经济的渗透力越强，经济增长就越快。

### （二）金融发展的道路

在深入剖析不同国家金融发展道路的基础上，戈德史密斯得到了 12 条基本结论，具体如下。

①在一国的经济发展进程中，相比于国民总收入和财富所表示的经济基础结构的增长，金融上层结构的增长则表现得更加迅速。从整体上看，金融相关率有提高的倾向性。

②对于一个国家的金融相关率而言，其提高并非是无穷无尽的，该比率会在达到一定阶段后趋于稳定，尤其是在 1 和 1.5 之间这个阶段。

③从金融相关率的角度看，相比于发达国家，经济欠发达国家要低得多。早期欠发达国家的金融相关率很低，大多停滞在 1 和 2 / 3 之间，与美国和西欧相比显得十分落后。

④对于一个国家而言，不同经济单位和集团之间储蓄与投资功能的分离程度是其金融上层结构相对规模的决定性因素。一个国家的金融相关率主要取决于该国经济结构的基本特征，较高的金融相关率也就意味着较高的储蓄与投资的分离程度。

⑤随着经济不断发展，多数国家在金融资产的发行与持有额度中金融机构所占的份额将进一步提高，即使一个国家的金融相关率已经停滞，该份额仍然不会停止增长。

⑥具有“机构化”趋势是储蓄与金融资产所有权的主要特征之一，而对于各种主要金融区，该趋势所带来的影响是不同的。相比于股票，债权的机构化发展趋势更好；同时，与短期债权相比，长期债权的机构化水平要更高。

⑦所有地方的现代金融发展都起始于银行体系的发展，并且与纸币在经济中的扩散程度息息相关。对于通货与国民财富的比例而言，其发展趋势主要是先上升、后平稳或下降。相比之下，银行货币的比例发展历程也是类似的。同时，还要注意到，这两者也会出现一段时间的停滞。

⑧在金融机构资产总额中，银行系统所占的比例会随着经济的发展而不断下降，但是其他各种金融机构的这一比例却相应上升。

⑨在大多数国家的某个发展阶段，外国融资都发挥着不可替代的作用，它不仅可以补充国内资金不足的部分，而且可以为国内的剩余资金提供一条出路。

⑩对于多数国家的金融发展来说，先进国家不仅发挥着重要的示范作用，而且有利于国际资本流动。比较而言，这两个方面同样重要。相比之下，金融领域的管理与技术经验更易于传播和交流，整体性移植也更容易成功。当然，对于一个国家而言，其基本金融制度还是要取决于本国的基本经济因素。

⑪融资成本会随着金融发展水平的提高而逐渐降低，只有少数情况是例外，即出现了通货膨胀。在这种情况下，金融体系会发挥相反的作用。

⑫在大多数国家，经济增长与金融发展之间的主要关系是大致平行的。通常情况下，金融上层结构的规模和复杂程度会随着经济总量和人均实际收入的增加而不断增大。据统计，在经济飞速增长的时期，金融的发展速度也会随之加快。

## 二、对戈德史密斯金融结构理论的评价

### （一）戈德史密斯金融结构理论的重要意义

戈德史密斯作为比较金融学的开创者，通过近六年的悉心研究，提出了金

融结构理论。戈德史密斯的研究方法特点是资料翔实，定性分析与定量分析紧密结合，采用比较研究方法进行国际横向比较与历史纵向比较，确立了衡量一国金融结构与金融发展水平的基本指标。

戈德史密斯的金融发展理论第一次强调了金融结构分析的重要性，并指出比较研究金融结构与发展的两个目的的内在统一性。这种追求宏观与微观的内在一致性，以及金融结构分析、金融发展与经济增长统一性的研究方法，对于今天研究金融深化理论与实践问题均具有极强的现实意义。

戈德史密斯的金融发展理论给我们勾画出一幅清晰的金融深化发展蓝图——由于道路的同一性，发达国家今天的金融发展水平就是发展中国家明天的水平；发达国家有发达的金融，所以发展中国家也应该有发达的金融，才能促进经济发展。此外，戈德史密斯还指出，在某些情况下，金融机构的存在与发展也许会给经济增长带来消极影响。例如，金融机构的存在与发展将有利于弥补赤字，筹措军费等，如果政府所占储蓄份额增大并引起非生产性支出增多，必然不利于经济增长。

但是，戈德史密斯开创性地建立了比较金融分析的理论框架，从金融与经济之间的内在关系中高度概括出金融发展道路的同一性，为发展中国家金融深化提供了共性与个性统一的想象空间。一方面发展中国家具有自身的发展要求；另一方面金融深化与发达国家的金融发展又具有某种程度的共性。一般来说，共性寓于特殊性之中，但离开了特殊性的共性也就失去了意义。

第一，从金融发展道路第 12 条结论看，一国经济与金融发展之间存在着大致平行的结论的含义有以下几点。

①任何国家的金融发展必须与其经济增长水平相一致，太快或太慢都将有第三种力量在额外起作用。

②如果金融发展滞后，就必须加快深化发展步伐。

③如果金融发展加快，就应该考虑经济生活中的客观制约因素。

第二，从金融发展道路第 1、第 3 和第 8 条结论看，发展中国家的金融深化发展速度和水平都比经济增长快得多的含义可能有：一方面，实物经济依赖金融的快速发展；另一方面，货币金融资产的发展有脱离实体经济的趋势——即实物经济与符号经济背离的趋势。

第三，从金融发展道路第 2 条结论看，金融相关比率指标的变化趋势表明：一方面在经济发展水平较低时期，金融对经济的贡献主要靠数量型发展；另一方面在经济发展（或金融发展）水平相对较高时，金融对经济的影响可能主要靠质量型的贡献。在金融深化的发展过程中，其对经济的影响可能是多渠道、多方向的结果。

第四，金融发展道路第 9、第 10 和第 11 条结论反映了发展中国家的金融深化与国际化之间的矛盾性：一方面国外的融资可以弥补国内资金的不足；另一方面国外的资金技术优势对国内经济的影响具有双重性。

因此可以说戈德史密斯的开创性工作及其结论给了后人更多的启发和思考，鼓舞人们对金融发展与经济关系进行更加深入全面的认识。正是基于此，戈德史密斯理论才在金融深化领域闪烁发光。

### （二）戈德史密斯金融结构理论的不足

虽然戈德史密斯的金融结构理论有着重要的意义和借鉴价值，但是其相关的研究工作仍然存在着一些不足之处，具体如下。

第一，研究对象较少，仅 35 个国家，研究覆盖面较窄，使得研究结果的权威性受到一定影响。

第二，尽管明确提出了将金融发展与经济增长作为研究的核心内容，但没有系统地分析金融对经济增长的影响。

第三，没有明确金融发展与金融效率、资本积累的关系。

第四，金融规模对金融体系的作用不明确。

第五，没有给出金融发展与经济增长的准确联系，也没有提出政策性建议。

尽管戈德史密斯后来已认识到这些不足，并通过发表一系列著作，如《拉丁美洲金融发展 100 年》等来弥补上述不足，但结果并不令人满意。也正因为如此，此后的金融发展研究学者都在致力于发展中国家金融结构剖析基础上提出各自有针对性的金融发展模型与金融发展政策建议。

## 第二节　麦金农－肖的金融深化理论

### 一、麦金农－肖金融深化理论的主要内容

传统的西方货币理论是建立在一定假设基础之上的，具体内容如下。

①假定金融市场是发达且健全的，信用工具非常丰富。

②生产要素和产品具有无限可分性，各生产单位都能使用相同的技术。

③货币与实际资本可以互相替代。

④信用发行货币。

麦金农与肖均认为上述假定不适用于发展中国家。

### （一）肖的债务媒介论

在肖的“债务媒介论”中，他从把货币作为一种债务关系的观点出发，认为货币的职能在于推动生产和交易成本进一步减少，促使生产效率不断提高，从而推动收入的增加，促进储蓄和投资。肖的货币需求函数如下。

$(M/P)\ d=f(Y,\ v,\ d\text{-}p^*)$

式中，$Y$ 为国民生产总值，$v$ 为持有货币的机会成本，$d\text{-}p^*$ 为实际利率。

该式与麦金农的货币需求函数在形式上非常接近，在政策主张上也与麦金农一样，认为政府应该取消对利率的各种人为限制，实行金融自由化，有效地制止通货膨胀，从而保证存款的实际利率有利于金融深化和经济发展。

### （二）麦金农－肖金融深化理论的提出

尽管麦金农与肖理论上有分歧，但是，在许多方面他们有共同的结论，因而将二人的理论称作“麦金农－肖理论”。

麦金农与肖强调，对于金融体系和经济发展而言，二者之间存在着一定的关系，即相互促进、彼此影响的关系。一方面，健全的金融体系能有效地动员社会储蓄，并将其投入生产中去，进一步推动经济的增长和发展；另一方面，经济发展也会对金融需求的增长起到一定的促进作用，进而推动金融业的发展和进步。

然而，在许多发展中国家，情况却恰恰相反，金融和经济的无效率阻碍了他们的良性循环，出现这种状况的根本原因在于发展中国家的银行业奉行的金融压制政策。政策具体表现为强制规定和控制利率和汇率，使其低于市场均衡水平；加强对金融机构活动的控制，对银行系统规定高额存款准备金；对金融机构实行国有垄断经营，对私营金融机构限制发展。

政府实行利率限制，在通货膨胀进一步加剧的情况下，会引起大量资金投向有形资产储蓄，这必然会使通货膨胀的压力进一步加大。结果金融压制不仅制造了固定的低利率，而且又使通货膨胀恶化。

政府对汇率实行管制，通常是高估本币，造成过度的外币需求，使出口业务受阻。再加上发展中国家奉行的进口替代政策，使进口大量增加，更造成外汇紧张，不仅增加了国内通货膨胀因素，还使经济结构失衡。

### （三）麦金农－肖金融深化理论的政策选择

麦金农和肖根据发展中国家的金融压制现状，提出了一整套金融改革方案。

1. 调整利率

当存款利率和贷款利率都受到限制（通常是这种情形），金融机构便可能采取如下的措施。

①采用补偿余额，变相提高利率水平。这里所说的“补偿余额”其实就是通过变相的方式促使实际的贷款利率提高。在日、韩等国的利率管制时期，该做法曾经流行一时。

②通过信贷配给来分配资金。由于受国家政策干预、银行官员收受贿赂等非经济因素的影响，这种分配资金的方法通常不是依据投资收益率高低来分配有限的资金，使得有限的资金不能有效运用，资金的使用不能促进经济增长。

③对于金融机构而言，低风险经营战略是其采用的主要战略。由于贷款利率上限规定，一些风险贷款也不能通过加高的利率来实现风险“补贴”。因此，金融机构通常会采取保守的经营战略。

2. 金融改革与财政改革同步

要同步推进金融与财政两方面的改革，同时积极推进税制改革，最终目标是推动税收对国民收入的弹性不断提高，促使财政赤字进一步减少，从而使通货膨胀得到缓和并消除。为此，麦金农设计了两种税制改革方案：一种是从关税向增值税转变，政府不再减免关税和其他税收，而是征收增值税；另一种是从关税向国内货物税转变，这种税有着潜在的收入再分配职能。

## 二、对麦金农－肖的金融深化理论的评析

### （一）麦金农－肖金融深化理论的重要意义

金融深化理论是在全面分析发展中国家金融环境的基础上，在批评了传统货币理论的不足之后提出的一种新的货币金融理论，无论是对于理论研究还是对于经济改革实践都有重要意义。

第一，麦金农与肖的金融深化理论第一次系统地论述了货币金融与发展中国家经济发展的辩证关系。

在金融深化理论提出之前，经济学界普遍认为对于货币与实物资本而言，二者是相互替代的关系，在这样的情况下，对金融市场机制在经济发展过程中所发挥的作用产生了错误的评估。

金融深化理论则对导致发展中国家经济落后的货币金融因素进行了深刻揭示，且强调该因素是非常重要、但又被长期忽略的。同时，该理论认为对于货币与资本而言，二者是相互补充的关系。因此，政府在金融方面的干预应该尽

量减少，并且将长期脱节的货币理论与发展理论连接了起来，从而在金融发展中充分发挥市场机制的作用，实现最终的目标，即以货币供给带动经济增长的目标。该理论是对传统观点的挑战并且取得了成功，进一步推动了经济理论的发展。

第二，麦金农与肖的金融深化理论为发展中国家货币金融政策的制定提供了理论指导。在政策研究中，金融深化理论提出了既不同于凯恩斯学派，又不同于货币学派的政策主张。

凯恩斯学派以生产能力未得到充分利用为出发点，主张以低利率刺激投资，促进经济增长。而货币学派则认为应采取稳定货币增长率的办法，稳定经济秩序，促进经济增长。

麦金农的金融深化理论则强调发展中国家资源的有限性，主张在利率鼓励储蓄方面实施开放政策，解除金融抑制，鼓励和支持竞争，推动金融逐步走向自由化。这不仅要推动资本供给的增加，而且要推动投资的扩大以及投资效益的提高，从而促进经济增长。这对资本匮乏、投资机会多、投资收益率较高的发展中国家而言，不仅是可行的，而且是必要的。因为它能在一定程度上控制资金的浪费，并因为利率和投资收益率的提高，而遏制货币供给增长和经济增长所可能导致的通货膨胀。

第三，麦金农提出了经济自由化渐进计划，尽管具体的政策建议有不少值得商榷的地方，但至少有两点很值得肯定。

首先，针对众多发展中国家的金融和经济发展状况，麦金农进行了相应的实证研究，而他基于此建立的自由化顺序也具有一定的普遍意义。尤为重要的是，他指出任何自由化政策都有一定的前提条件。在条件不具备或不成熟的情况下，理论上再完美的措施在实践中都可能得到相反的结果。也就是说，金融自由化必须与市场经济基础相适应。

其次，麦金农主张要分步骤、分阶段地推进自由化改革，也就是所谓的改革的渐进性质。他强调关于所有的市场化措施，政府不能且不该同时实施。他还认为放松旧管制与采取新管制应该同时进行，且新管制应该适应金融自由化的步骤。这实际上是他对自己 20 世纪 70 年代观点的修正，也是对亚洲各国和地区渐进式金融自由化步骤的基本肯定。

### （二）麦金农 – 肖金融深化理论的不足

上述几个方面是金融深化理论有价值的部分。但是，该理论在理论分析和政策选择上也有一些不足之处，具体如下。

第一，在传统经济发展理论的实证研究中存在着忽视金融因素的问题，虽然麦金农和肖对该问题进行了纠正，但他们却过分强调金融制度的改革，而未能做到准确且充分地估计其他问题，如经济结构失调所带来的一系列问题。在整个国民经济改革中，金融制度改革只是其中的一部分。因此，要同时推进金融深化以及其他的经济政策，包括贸易、税收等。

第二，把所有的对金融机构和市场的管制和干预统统取消，这就是所谓的金融深化的主导思想。然而，若是政府彻底放弃监督和干预相关的金融机构和市场，反而会对公平竞争产生不利的影响，甚至会造成金融危机的爆发，不利于宏观经济的稳定发展和均衡增长。西方国家有着发达的市场机制，但是政府的适度监督与干预也是不可或缺的。

第三，金融深化论者过分强调自力更生，而未能对引进外资的重要性给予充分的重视。他们认为，对于发展中国家而言，在推进金融深化改革的基础上，所有的发展资金都可以从本国的资本市场中筹集起来，因而该理论又被称为“自力更生的发展理论”。事实上，大多数发展中国家的国民收入极低，即使提高利率，也很难筹集到充足的作为建设发展资金的储蓄。如果发展中国家在工业化初期轻视外资的引进和利用，则肯定会影响它们的经济发展速度。

第四，金融深化过程中内外均衡存在着一定的问题。一方面，物价水平稳定是内部均衡的主要指标。然而，高利率政策必然带动物价水平的上升，影响内部均衡的实现。因此，如何推进金融自由化与内部均衡相互协调是仍未得到解决的问题。另一方面，国际收支的平衡就是所谓的外部均衡，其主要标志就是汇率的稳定。在推进金融自由化的过程中，开放国际资本流动是一个重要的措施。然而，外资利用能力普遍偏低的企业往往难以适应外资大量流入的状况，这必然会导致债务危机。由此可见，金融深化理论未能解决的另外一个问题就是如何推进金融自由化与外部均衡相互协调。

第五，金融深化理论假设条件也有不切实际之处。麦金农针对“半工业化国家”提出的自我融资不切实际。即使是金融压制最严重的国家也很难排除外部融资现象。即使自我融资假设成立，随着自我融资的投资者积累的货币余额增加，银行的可贷资金也势必增加，但在自我融资条件下，银行贷款需求必然为零，这与发展中国家信贷资金严重供不应求的实际情况相矛盾。

肖的债务媒介论也有不合理之处，其对货币本质的认识就是不准确的。肖虽然认识到实际货币余额是货币体系的债务，但对个人而言，他同时还认为货币确实是他的财富。其实，即使对个人而言，货币也只是其财富的代表，而不是财富本身。

金融深化理论主张提高实际利率水平以达到动员储蓄资金的目的，它的假设前提是储蓄对利率具有极高的弹性，而且金融机构的融资效率高于非正式金融市场。但对发展中国家的实证研究表明，发展中国家储蓄的利率弹性很低，而非正式金融市场的融资效率并不低于正式金融机构。所以，提高利率的效果并不如预期的显著。

## 第三节　卡普－马西森的金融发展理论

### 一、卡普－马西森金融发展理论的主要内容

1973 年，麦金农和肖的金融深化理论被正式提出，自此之后，许多经济学家不断对该理论进行丰富和发展，其中，卡普－马西森金融发展模型是由新加坡经济学家巴桑特·卡普与国际货币基金组织工作人员唐纳德·马西森所提出的。该模型的重要基础就是麦金农－肖模型，它系统论述了发展中国家三个重要方面的关系，即金融、经济增长以及经济稳定三方面。此外，该模型还深刻地阐述了发展中国家金融和经济方面的一个重要问题，即怎样在实施恰当的金融体制改革和货币政策的基础上推动实现经济增长和经济稳定。卡普、马西森的主要研究对象是劳动力过剩的发展中国家，他们认为在这类国家影响经济增长的主要因素是资本数量。

卡普－马西森理论主要是针对劳动力过剩且固定资本闲置的欠发达封闭经济中的金融深化问题。其基本思想是在劳动力剩余地发展经济时，资本增量是经济增长的主要影响因素。卡普－马西森理论与麦金农的观点有一致的地方，即发展中国家的利率管制是一个普遍现象。其结论可以总结为，经济增长必然会受制于银行贷款的供给，而银行贷款的供给又受到实际存款利率的巨大影响；存款利率的影响因素有很多，如储备率和产出 / 资本比率、通货膨胀率等。在这些影响因素中，有一部分受制于货币当局，而有些可能并不受此影响。因此，只有取消政府对利率的控制，实行利率市场化，才能真正实现实际利率与均衡利率的平等。

此外，卡普基于封闭经济创建起来的价格稳定化模型是适用于欠发达地区经济的。在该模型的基础上进行相关的论证与分析，可以得出一个结论，即在短期内，相比于采取货币增长率政策，合理利用提高名义利率的稳定化方案可以取得更好的效果，从而对实际产出产生积极的影响。同时，马西森提出，只有同时推进稳定化和金融改革，且积极推动政府当局利率管制的逐步解除，才

能更好地维护金融体系，进而使该体系免于遭受短期困难。

卡普认为，开放经济中主要有三种可使用的政策工具，即货币增长率、银行存款利率和实际汇率的贬值率。政府可以通过对这三种工具的协调使用推动通货膨胀的有效治理。在初期采取很高但不断下降的银行存款利率和货币增长率，并且不断调整实际汇率的贬值率，以便防止外资的大量涌入，同时又可影响相对价格。马西森的开放经济模型认为，政府只能控制货币增长率或名义汇率的变化率，而不能同时控制两者。通过对模型进行实证分析，马西森得出结论：如果一个国家的通货膨胀率高、增长低且出现国际收支赤字的现象，那么为了使该国的价格趋向稳定、经济不断增长，可以借助名义存贷款利率的骤然提高、实际汇率的过度下跌及国内现金增长率的下降等手段。

## 二、对卡普－马西森金融深化理论的评析

### （一）卡普－马西森金融深化理论的重要意义

卡普－马西森金融发展理论作为麦金农－肖金融深化理论的发展，继承了其金融深化的一贯思想，在剖析发展中国家金融压制的现状后，主张对发展中国家进行以金融深化为政策目标的金融改革，以促进金融和经济发展。并且，他们的政策主张都同麦金农和肖的基本相同。但是，就理论的分析框架、模型构造和政策选择方面而言，卡普－马西森理论较麦金农－肖的金融深化理论更胜一筹。他们对金融深化理论的扩展主要体现在以下几个方面。

第一，卡普－马西森模型摒弃了麦金农的货币与实物资本的互补性假说，通过对银行体系提供相应信贷融资的过程进行系统论证，推动货币金融对实际经济增长影响的理论模型的构造。这样的模型构造不仅比麦金农－肖的模型复杂、精细，而且更便于分析金融改革对经济增长的影响。具体而言，就是相关的金融改革的政策选择可以通过模型的自变量参数直观形象地反映出来。

马西森充分考虑了发展中国家进行金融改革要兼顾稳定和发展两个方面，讨论了发展中国家金融改革过程中稳定政策的最优组合，分析了金融改革的约束条件，由此对金融改革的路径取向进行了系统讨论。这些分析既是许多发展中国家改革失败教训的总结，又从理论和政策层次上为发展中国家的金融改革提供了有益的、可参考的建议。

不仅如此，卡普－马西森模型在理论上的贡献还在于拓宽了金融发展理论的分析视野，不仅给出了封闭经济条件下的稳态和动态调整模型（动态分析在麦金农－肖的模型中就较少涉及，从而使该模型在分析金融改革的路径取向方

面比较困难），而且将分析范围拓宽至开放经济，设计了相应模型，以此分析在开放经济条件下金融改革与经济增长的关系。而对开放经济的分析，麦金农、肖在其著作中也很少论述。

第二，与麦金农－肖金融深化模型相比，卡普－马西森模型更强调金融改革政策的实践性和可操作性。麦金农和肖作为金融深化理论的倡导者，只是描述性地分析了金融改革的方向和内容，而对发展中国家在金融改革中出现的诸如严重的通货膨胀、金融危机等问题缺乏解决办法。

以后的金融深化论学者更致力于解决金融改革的路径问题，卡普和马西森的政策分析就是其中的代表。发展中国家在经济发展中为解决资本短缺的难题而实行过度扩张的财政政策与货币政策，产生严重的通货膨胀。若在这种情况下过急地采用通货紧缩的办法治理通货膨胀，必然使企业流动资本锐减，大量的固定资产闲置，实际产出减少，经济增长受到严重阻碍。因此，在如何治理通货膨胀的同时又不影响经济增长，确是一个有待解决的难题。

卡普从经济增长模型出发，具体分析了平稳抑制通货膨胀的两种政策工具，比较了他们的利弊得失，并就两种政策工具的组合运用提出了具体意见。这种分析不仅有理论意义，又有实用价值，不仅是对主张通货膨胀的凯恩斯学派的有力批评，也是对通过通货紧缩治理通货膨胀的货币学派的重要修正。这是卡普对金融发展理论的贡献，这对发展中国家正确选择治理通货膨胀对策，同时实现经济稳定与经济增长提供了一种重要的、可参考的思路。

同样，在发展中国家金融改革的实践中，如何解决因金融改革造成的经济动荡问题也是困扰发展中国家政府的一个难题。马西森对此进行了专门分析。他在剖析政府决策约束条件的基础上，给出了金融改革与稳定政策的最优组合步骤，这对发展中国家金融改革政策的制定有很大帮助，由此引发对改革路径选择的讨论，这是对麦金农－肖模型的又一个重要的发展。

### （二）卡普－马西森金融深化理论的不足

从总体而言，卡普－马西森模型是对金融发展理论的重要发展，能较好地为发展中国家提供金融改革的政策参考。但是，该模型也有一些有待完善之处。如卡普和马西森在应用哈罗德－多马的经济增长模型构造自己的模型时，都继承了哈罗德－多马模型的产出/资本比率为常数的假设。这样假设虽有简化分析的优点，适应于改革初期的瞬态经济状况，但随着金融的深化，产出/资本比率将会不断提高，当经济由一种稳态向另一种稳态过渡的期间，以此估计经济增长就会发生很大偏差。

卡普做出了一个假设，即在生产企业所用的总资本中，需要向银行借入仅限于流动资本的部分，而对该假设进行讨论和分析，可以发现它并不符合大部分发展中国家银行业的实际情况。并且，卡普的模型缺少储蓄和投资行为函数，而马西森模型实际上在分析一个在均衡金融政策温和影响下发展的经济，而不是在金融压制下发展的经济，这一点倒比较符合目前发展中国家的银行业实际情况。正是由于两个模型存在不完善之处，许多经济学家才致力于不断扩展金融发展理论，以求更好地指导发展中国家的金融改革。

## 第四节　加尔比斯 – 弗莱的金融发展理论

### 一、加尔比斯 – 弗莱金融发展理论的主要观点

#### （一）加尔比斯金融发展模型的主要内容

加尔比斯设计了两部门模型。两部门模型假设：部门 1 和部门 2 共同组成了整个经济。其中，前者是指落后的部分或者是效率比较低的部门；后者是指现代的部门或者是技术先进的部门。加尔比斯为了方便分析，还假设这两个部门生产的商品相同，出售的价格统一，其生产函数分别用 $Y_1$、$Y_2$ 表示。

$Y_1=F_1(K_1, L_1)$

$Y_2=F_2(K_2, L_2)$

资本收益率表示如下。

$dY_1/dK_1=r_1$

$dY_2/dK_2=r_2$

设 $W_1$ 表示部门 1 的工资率，$W_2$ 表示部门 2 的工资率，以生产函数为依据，在充分利用生产要素的前提下，整个经济的收入决定方程如下所示。

$Y=Y_1+Y_2=r_1K_1+W_1L_1+r_2K_2+W_2L_2$

在充分利用生产要素的假设下，$K=K_1+K_2$ 在任何时刻都是成立的。以一定的社会资源为前提，要想使整个经济快速增长和发展就必须对金融中介储蓄和投资的配置机制进行改进，使生产资源由生产效率低的生产部门转向生产效率高的部门。

部门 1 的投资函数如下所示。

$I_1=H_1(r_1, d-P^*)Y_1$

$\partial H_1/\partial r_1 > 0 \qquad \partial H_1/\partial(d-P^*) < 0$

式中，$d$ 为商业银行名义存款利率，$P^*$ 为预期通货膨胀，故 $d-P^*$ 为存款的实际利率。由式可以看出，当 $r_1$ 上升或 $d-P^*$ 下降时，$I_1$ 将扩大。

而在 $r_1$ 一定时，若 $d-P^*$ 过低，将会使部门 1 的存款余额减少，同时，使其低效率的实际投资不断增加。正因如此，金融中介部门应制定适当的存款利率以吸引部门 1 的存款且限制其本身的投资，并将贷款分配于投资效率较高的部门 2。

与部门 1 不同，部门 2 的投资是本部门的储蓄和银行借款。由于部门 2 在投资中运用了自己的全部储蓄，因此，部门 2 在银行的可贷资金与部门 1 的存款余额之间是相等的关系。

部门 2 的投资供给函数如下所示。

$I_2^s=S_2+d(M_1/D)/dt$

投资的实际收益率和银行借款的实际利率共同决定了部门 2 的投资需求。故部门 2 的投资需求函数如下所示。

$I_2D=H_2(r_2, b-P^*)Y_2$

$\partial H_2/\partial r_2>0 \qquad \partial H_2/\partial(b-P^*)<0$

式中，$b$ 为银行借款的名义利率。

该投资需求函数说明：若 $r_2$ 上升或 $b-P^*$ 下降，则投资需求将增长，反之则下降。加尔比斯认为，$r_2$ 远大于（$b-P^*$），因为部门 2 拥有足够大的投资需求，但是银行是否能满足其贷款需求才是关键。

由以上分析可以看出，加尔比斯认为，金融中介在经济发展过程中的促进作用是通过动员和分配社会资源来实现的。但要发挥这一作用，必须以金融自由化为前提。但是，大多数的发展中国家存在着金融压制，这不仅限制了金融中介的发展，也影响了实际经济的增长。

### （二）弗莱金融发展模型的主要内容

弗莱从 20 世纪 60 年代末开始关注发展中国家的货币金融问题，他通过大量的理论分析和计量验证对货币金融和经济发展的关系进行了研究。同时，他还深入研究了发展中国家的储蓄、投资和经济增长之间的关系。1988 年出版的《经济发展中的货币、利息与银行》一书对其理论观点进行了系统总结。

弗莱的金融发展模型分稳态、动态和开放三种类型，因开放经济的金融发展模型比较单薄，故不做介绍。

#### 1. 弗莱的稳态金融发展模型

发展中国家的资本供给主要有两个来源：其一，国内储蓄；其二，流入本国的国外储蓄。投资的规模取决于这两部分储蓄所能提供的资本总量。据此，弗莱提出了如下的储蓄函数。

$$S_n/Y=f(\gamma_n, S_f/Y, d-\pi^*, r^*, S_n/Y_{t-1})$$

$$\frac{\partial S_n/Y}{\partial \gamma_n}>0 \quad \frac{\partial S_n/Y}{\partial S_f}<0 \quad \frac{\partial S_n/Y}{\partial (d-\pi^*)}>0 \quad \frac{\partial S_n/Y}{\partial \gamma^*}>0 \quad \frac{\partial S_n/Y}{\partial S_n/Y_{t-1}}>0$$

在式中，$S_n/Y$ 为国内储蓄率，$\gamma_n$ 为长期经济增长率，$S_f/Y$ 为国外储蓄率，$r^*$ 为预期投资实际收益率，$d-\pi^*$ 为实际存款利率。

由上式可知，国内储蓄率取决于如下五个因素。

（1）正常的或长期的经济增长率（$\gamma_n$）

在稳定状态中，正常增长率便是实际增长率，它与国内储蓄率呈正相关关系。

（2）国外储蓄率（$S_f/Y$）

国内消费将随着国外储蓄的流入而增加，相应地国内储蓄将呈现下降趋势，因此国外储蓄率与国内储蓄率呈负相关关系。

（3）存款的实际利率（$d-\pi^*$）

在一般情况下，国内储蓄率随着存款实际利率的增加而增加，两者之间呈现正相关关系，存款实际利率提高会使人们的消费减少，从而增加储蓄。但在发展中国家，存款实际利率对国内储蓄率的影响比较复杂。由于既可以实物资产形式储蓄，又可以金融资产形式储蓄，从而存款实际利率的提高也许并不提高真实的储蓄率，只是将用于生产性投资的资源更多释放出来。真实效应只作用于投资的平均效率，而不是作用于投资的规模。

（4）预期的投资实际收益率（$r^*$）

在“自我融资”的条件下，如预期投资实际收益率提高，人们的消费将减少，从而储蓄更多的收入，以增加日后的投资。

（5）上年国内储蓄率（$S_n/Y_{t-1}$）

如果上一年的国内储蓄率和投资率都比较高，那么本年也会有较高的收入和储蓄率。

在短期内，由于人们还无法调整通货膨胀预期，高通货膨胀率将促使企业提高资本利用率并增加投资，从而促进经济增长。但是，根据适应性预期假说，只是暂时存在通货膨胀的这种效果。从长期看，人们将提高自己的通货膨胀预期。在存款名义利率受管制的发展中国家，这将使实际存款利率下降，并必然会造成实际货币需求量和实际信贷资金的供给不断减少。这样，企业因难以得到信贷支持而无法扩大投资，经济增长率自然就会下降。

2. 弗莱的动态金融发展模型

弗莱认为，实际增长率与正常增长率在稳态均衡条件下是必然相等的，但是，两者在动态经济中却未必相等。究其原因，实际增长率的组成部分有两个：一是正常增长率；二是周期性增长率。如以 $\gamma$ 表示实际增长率，以 $\gamma_n$ 表示正常增长率，以 $\gamma_c$ 表示周期性增长率，则在稳态均衡时，因 $\gamma_c$ 为零，因而 $\gamma = \gamma_n$。而在动态经济中，因 $\gamma_c$ 未必为零，所以，$\gamma = \gamma_n+\gamma_c$。

与卡普和马西森一样，弗莱将适应性预期和增大了预期的菲利浦斯曲线这两个动态调整因素融入其稳态金融发展模型之中，从而建立了动态的金融发展模型。

根据弗莱的分析，（$P/P^*$）和（$d-\pi^*$）共同决定了周期性经济增长率，（$P/P^*$）指的是实际价格水平与预期价格水平的比率，（$d-\pi^*$）指的是存款的实际利率，如下式所示。

$\gamma_c=f\,(P/P^*,\ d-\pi^*)$

弗莱的动态经济增长模型如下式所示。

$\gamma = f\,(\gamma_n,\ P/P^*,\ d-\pi^*)$

其中，$0 < \partial\gamma/\partial\gamma_n < 1$，$\partial\gamma/\partial(P-P^*) > 0$，$\partial\gamma/\partial(d-\pi^*) > 0$。

由上式可知，实际增长率的决定因素有三个，而且实际增长率会随着这三个因素的提高而提高。第一，正常增长率提高，则实际增长率也提高，但是正常增长率提高的幅度更大；第二，与预期通货膨胀率相比，实际通货膨胀率更高，这时，实际增长率也会提高；第三，存款的实际利率提高，则实际增长率也提高。

在这里，我们有必要做进一步说明的是，正常增长率对实际增长率的影响。依弗莱之意，因大多数发展中国家为农业国，因此，其正常增长率主要由农业部门的正常增长率所决定。但由于在大多数发展中国家，农业部门能取得国内信贷支持，因而其增长率将高于平均增长率。而其他部门因得不到或较少得到国内信贷的支持，故其增长率将低于平均增长率。所以，在以农业部门的正常增长率代表整个经济的正常增长率时，若正常增长率提高，实际增长率虽然也提高，但实际增长率提高的幅度将因其他部门增长率较低之故而小于正常增长率提高的幅度。

由此可见，在上述三个因素中，除第一个因素外，其余两个因素均与通货膨胀或通货膨胀预期有关。那么，通货膨胀究竟将促进经济增长还是将阻碍经济增长呢？如图 3-1 所示。

在图 3-1 中，横轴为实际经济增长率 $\gamma$；纵轴为实际通货膨胀率 $\pi$；$\pi_1^*$、

$\pi_2$*、$\pi_3$* 分别为不同通货膨胀预期时的短期菲利浦斯曲线；$d$ 为存款的名义利率不变时的长期菲利浦斯曲线。该图说明，在一个金融抑制的发展中国家，通货膨胀率与经济增长率之间存在着如下相互关系：两者在短期内的变化是相同的，两者在长期内的变化是相反的。换句话说，从短期来看，通货膨胀率与经济增长率之间呈现正相关关系；但是从长期来看，通货膨胀率与经济增长率之间呈现负相关关系。

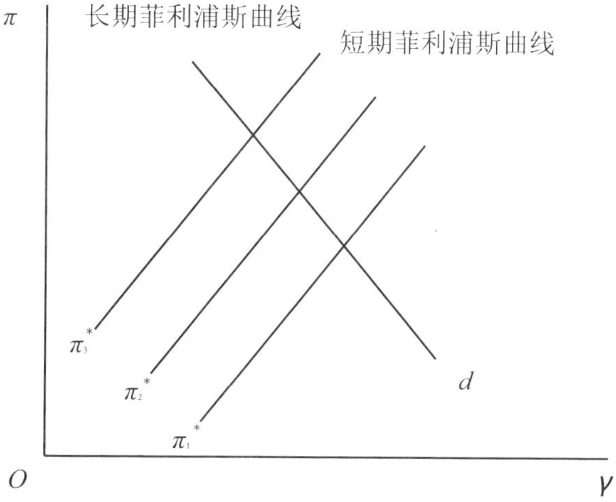


**图 3-1　短期菲利浦斯曲线与长期菲利浦斯曲线**

## 二、对加尔比斯和弗莱金融发展理论的评价

加尔比斯和弗莱金融发展理论作为麦金农－肖金融深化理论的发展，继承了他们理论的核心观点，都在针对发展中国家金融发展水平的基础上剖析了金融压制的表现和经济危害，主张放松利率管制，实行金融自由化改革，以充分发挥金融中介在资源配置中的作用。但是，与麦金农－肖相比，加尔比斯和弗莱无论在理论分析还是在政策选择上都有所发展。

首先，加尔比斯针对麦金农金融中介模型的假设进行了修正和补充。

第一，针对麦金农所有经济单位存在“自我融资”的假设，加尔比斯提出了两部门经济模型，认为自我融资只适用于部门 1，也就是技术落后的部门，而部门 2，也就是技术先进部门，则可以获得银行的信贷支持。与麦金农的假设相比，加尔比斯的假设与发展中国家的实际情况更加相符。

第二，加尔比斯说明金融中介的作用不单单依靠货币需求的论述，还依靠两部门的资源转移，与麦金农相比，这样的分析更加深入，更容易使人信服。

第三，针对两部门投资效率的差异，加尔比斯说明了资源转移对经济增长的意义，进而说明金融中介在参与资源转移过程中的作用，而不是直接地把实际利率作为货币政策的传导机制，这也要比麦金农的理论完善一些。

第四，麦金农与肖的模型主要是通过分析实物经济中的货币与实物资本的相互关系来展开的，而加尔比斯的两部门模型采用金融变量，如储蓄的转移来建立两部门之间的联系，更符合现今发展中国家的实际。

相比较而言，麦金农和肖模型的研究对象是落后经济，而加尔比斯的模型是针对较发达的经济而设计的。

其次，弗莱对麦金农和肖模型做了以下补充和完善。

①弗莱的模型摒弃了实物货币与实物资本互补的假说，在分析影响储蓄和投资的各种因素基础上，构建了经济增长模型，这种分析方法比麦金农－肖模型更合理，也更经得起实证检验。这种分析方法与卡普－马西森模型的分析方法类似，但又有所发展。卡普－马西森模型通过企业融资行为的不同假说来建立经济增长模型，而银行、企业间的资本流动量是社会资金流动的主要形式，但不是唯一形式。弗莱的分析则绕开这些假设，直接通过储蓄函数来建立经济增长模型，其分析的覆盖面相对较广，模型适应性也较强。特别是在其 1988 年出版的《经济发展中的货币、利息与银行》一书中，弗莱又吸收了其他许多经济学家推出的各种新理论及实证研究的新成果，对其储蓄函数、投资函数及经济增长函数做了进一步扩展，仅稳态发展模型就包含了 28 个变量，其中 14 个为内生变量，14 个为外生变量，分析更为深入、细致，也更易进行计量分析与实证研究。弗莱曾利用自己的模型对发展中国家进行了大量的实论研究，使其模型更具合理性和实用性。

1980 年，弗莱在《世界发展》杂志上发表《储蓄投资、经济增长与金融压制的代价》一文，对发展中国家金融压制的代价进行了数量分析，证明这些国家的实际存款利率对储蓄的影响为正，而这种影响实际上就是实际存款利率对广义货币需求的影响。

弗莱指出，在不均衡的利率条件下，提高实际存款利率可增加实际货币的需求（即增加储蓄），而这种增加将等量增加实际信贷的供给。实际信贷的供给，不仅是决定新投资的重要因素，而且是决定整个资产存量利用程度的重要因素。因此，实际存款利率的变动将通过两条途径对实际经济增长率产生正的影响：一条途径是储蓄和投资的规模；另一条途径是整个资本存量的利用程度（可用增量资本／产出比率来衡量）。通过计量验证，金融压制的代价是，实际存款利率每低于其市场均衡利率 1 个百分点，经济增长率将损失大约 0.5 个百分点。

②在理论模型中，利用西方经济学的分析工具，将时滞因素引入其模型中，从而更能准确地反映储蓄与投资的变化对经济增长的实际影响，这是弗莱对金融发展理论的一个重要扩展。这表明弗莱比较关注持续的储蓄和投资，即稳定的经济发展政策对经济增长的影响，发展中国家只有奉行长期发展政策，经济发展才会发生质的飞跃。

③在动态模型中，弗莱引入了与卡普相似的调整参数，但二者分析的着眼点不同。卡普在动态分析中强调由于通货膨胀预期的改变，须采取通货紧缩与提高存款名义利率双重手段来制止通货膨胀，使之逐步回到较低通货膨胀的均衡状态。其分析的目的在于给出因通货膨胀预期改变后，相关经济参量的适应性调整过程，而弗莱的分析着重于长短期的菲利浦斯曲线的变化。

按照弗里德曼的分析，长期菲利浦斯曲线为一条对应于“自然失业率”的垂直线，即通货膨胀与失业率，从而与经济增长率无关。而按照弗莱的分析，长期通货膨胀率与经济增长率呈负相关关系。这是因为在一个金融压制的发展中国家里，投资需求旺盛而资产严重不足的重要特点长期存在，在名义利率受管制，而通货膨胀又加剧的情况下，实际利率必下降，抑制了投资的增长，从而使经济增长率下降。这一模型比较符合发展中国家的实际，有助于提高人们对通货膨胀危害和反通货膨胀政策长期性的认识。

当然，加尔比斯和弗莱的模型也有一定的局限性。首先，两者的模型所研究的对象不太适合当前发展中国家的经济发展实际。麦金农和肖模型是针对金融严重压制的不发达国家而设计的封闭模型，而加尔比斯和弗莱的模型是针对经济起飞阶段的发展中国家而设计的封闭经济模型。现实是，现在拉美和东亚的发展中国家，经济发展已有了长足的进步，尤其是金融发展水平有了很大提高，甚至经济出现了金融化的早熟现象，而不是金融压制状况。对此情况，上述模型已无法解释。另外，对于正处在开放经济环境中的发展中国家，其经济和金融发展政策应如何变化，由于上述模型没有开放经济模型，而无法给出圆满的解释。弗莱虽给出了开放经济模型，但模型比较单薄，没有很强的政策说服力。其次，两者的模型假设和政策解释也有牵强之处。加尔比斯的两部门模型，实质是工业部门和农业部门的翻版，而金融中介的作用就是使资金从收益率低的部门流向收益率高的部门，其结果是使发展中国家的产业结构失调，影响其经济的协调增长。发展中国家之所以长期受粮食问题困扰，就是其牺牲农业来发展工业政策的结果。此外，加尔比斯把金融中介中的商业银行作为其唯一分析对象，而忽视金融市场中其他金融机构对资金配置的作用，使得分析结论难免有片面性。事实上，随着发展中国家金融业的发展，商业银行在金融业中的份额开始逐渐下降，已不再是决定资金配置的唯一形式。资金流向的配置效率不仅取决于两部门的收益率差，还取决于资金需求的偏好和金融中介之间的竞争差异。

由于弗莱的金融发展模型是在实证检验基础上推出的，模型的适应性自然也较广，但也有不准确之处。如弗莱认为在大多数发展中国家，农业部门能取得国内信贷支持，因而其增长率高于平均增长率。事实上，发展中国家常常忽视农业的发展而一味追求工业化，农业得不到信贷资金的支持，致使农业成为影响经济发展的重要阻碍。弗莱认为国外储蓄率与国内储蓄率呈负相关关系的结论也不全面，国内储蓄和国外储蓄既有相互替补的一面，也有相互补充的一面，国外储蓄的流入并不一定降低国内储蓄率。

## 第五节　丹尼尔－金宏宝的金融发展理论

美国经济学家丹尼尔和韩国经济学家金宏宝在其合作的论文《现金支付经济中的金融二元结构》中，对他们的金融发展模型进行了系统阐述。

模型将利息成本作为企业生产成本的重要组成部分，并接受新结构主义的假设，认为企业在雇用工人之前应首先支付工人工资。

在上述假设前提下，丹尼尔和金宏宝将英格兰和斯文森的非随机货币模型进行改造，使之适用于发展中国家金融二元结构的分析。为了对模型分析进行简化，假设社会上只存在家庭、银行和企业三个部门，以三个部门相互之间的资产、劳动力和商品市场之间的交易行为为依据，对货币和金融需求问题进行分析。

家庭对效用最大化的追求通过的是消费、资产和劳动力供给的组合，但是存在两个限制因素：一是现金支付；二是预算。为了对现金和银行存款需求的动因进行区分，按哈特利和英格兰、斯文森的假设，在商品市场上，可供消费的商品只有两类：一类是现金商品，购买现金商品只能运用现金；另一类是支票商品，购买支票商品除了能运用现金以外，还可以用银行存款通过支票支付。现金商品和支票商品在消费上可以相互替代。受到金融约束的制约，企业解决雇用劳动力所需资金一般要通过银行融资。

在这三个部门中，银行属于中介机构，负责接受家庭的存款，并在企业需要时将其转贷给企业。由于存在家庭现金支付限制和企业金融约束，不可能使各部门间的交易行为同时运行，如图 3-2 所示。

商品市场在任何一个时间段内都处于起始阶段，资本和劳动力市场在任何一个时间段内都处于中间阶段，而生产在任何一个时间段内都处于最后阶段。在 $t$-1 时间段内，家庭获得相应的资产存量，而企业则通过融资雇用劳动力进行生产；在 $t$ 时间段内，家庭运用之前获得的资产存量来购买商品，而企业则开始进行商品的销售。

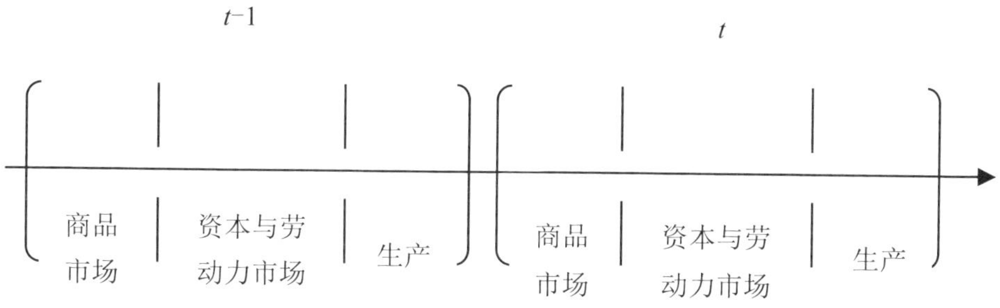


**图 3-2　交易顺序**

# 第四章　金融发展与经济增长

对于金融发展与经济增长而言，清楚两者之间的关系以及相应的促进机制是金融发展理论需要解决的核心问题。这主要是因为，明确二者间的关系不仅可以推动有效金融体系的构建，而且有利于更加顺利地实施和制定正确的金融政策，进而实现经济的可持续发展。本章分为金融发展促进经济增长的渠道与机制、金融发展与经济增长的因果关系、金融发展与经济增长关系的理论反思三部分。

## 第一节　金融发展促进经济增长的渠道与机制

### 一、分散风险有利于推动经济增长

在大数定律的作用下，只要流入的短期资金大于流出的短期资金，就会沉淀一部分长期资金。所以，金融机构可以一方面向储蓄者提供各种短期存款合约，以确保储蓄者的流动性需求；另一方面向企业提供期限较长的信贷资金，以满足项目投资的长期资金需求。在金融市场，虽然股权是无期限的，债券也有很长的期限，但是，股权和债券的交易可以使得投资者的证券资产迅速变现，进而降低投资产生的流动性风险。并且，对于企业而言，股权和债券的交易只是改变证券持有人，不改变企业融资资金的长期属性，不会影响企业投资项目的正常营运。

金融系统还可以有效降低投资风险，进而推动资源配置效率不断提高，促进经济增长。通过恰当的组合方式，金融中介可以推动不同风险程度项目的总体风险进一步降低，从而实现高风险和高效率项目风险的有效分散，促使投资的回报率进一步提高。在金融市场，证券投资者可以组合不同企业、行业和国家的金融产品来规避企业、行业和国别的非系统性风险，甚至可以利用期货、期权等金融衍生工具，以减少各种市场意外冲击对投资收益产生的负面影响。

## 二、降低交易成本有利于推动经济增长

在信息不对称的条件下，对于企业而言，如果没有金融系统的支持，虽拥有高效率、高回报的项目，也不可能获得足够的资金。原因是，企业说服分散的资金盈余者的交易成本是极其庞大的，超过项目的预期收益。然而，通过向资金盈余者发放存款合同，向企业提供贷款合同及服务，金融机构可以大大降低融资过程的交易成本，节约社会资源，进而促进经济增长。在事前的审查和事后的监督方面，金融机构也具有降低交易成本的优势。如果企业直接向分散的资金盈余者融资，因为审查与监督成本极其高昂，资金盈余者将会放弃事前的审查和事后的监督，逆向选择与道德风险问题将泛滥。金融机构的出现，则可以发挥其专业化的审查与监督优势，低成本地实现逆向选择与道德风险的防范。

金融市场方面，证券公司、基金公司也可以凭借其专业化的优势，降低证券发行、组合投资方面的交易成本，节约社会资源，促进经济增长。在发达的金融市场，作为上市公司经营信息的综合反映，投资者直接通过证券价格做出投资决策行为，可以大大减少信息收集成本。此外，金融系统提供了一定的服务功能，如支付和清算系统、交易媒介等。这些功能可以推动产品和服务的交易成本进一步降低，进而促进经济增长。

## 三、提高资本形成率有利于刺激经济增长

阿洪认为，发育不良的金融市场所产生的金融压制很可能会阻碍发展中国家采用先进的技术，结果导致其与世界发达国家的差距加大。

还有一些学者从另一个角度研究了金融发展与全要素生产率及经济增长之间的关系。他们认为，各国人均收入的差异主要是由各国全要素生产率（TFP）的不同造成的。大量的微观数据表明，发展中国家的全要素生产率大大低于发达国家。而发展中国家的全要素生产率之所以低，在很大的程度上是因为其金融不发达或存在金融摩擦所致。因为金融摩擦导致了以下三个方面的扭曲。

第一，扭曲了资本在企业之间的配置（资本错配）。

第二，扭曲了企业家的进入及退出决策，进而扭曲了企业家才能在各企业和各部门间的配置，使得更有创新精神及才能但缺乏资本的企业家被拒之门外，而缺乏创新精神但有钱的企业家却得以继续生存（才能错配）。

第三，使得创办企业十分困难，继而减少了企业的数量，结果就必然会降

低一国的全要素生产率。

此外，这些人还对由金融摩擦引起的扭曲效应进行了具体的实证分析。他们使用经济合作与发展组织国家（尤其是美国）的部门层面的数据进行分析后认为，企业的平均规模在各部门间有显著差异。例如，生产贸易品的部门，其企业平均规模是生产非贸易品部门的三倍。

## 四、金融市场的发展有利于推动经济增长

随着金融发展理论的不断深化以及股票市场在各国不断发展，一些学者不再只是研究金融中介与经济增长之间的关系，而开始对金融市场与经济增长之间的关系进行大量的实证研究。

赫瑞等人曾指出："债券市场的缺失可能导致经济明显缺乏效率而且更容易遭受金融危机"，由此说明债券市场对于经济增长及经济稳定的重要性。

在建立起上述完整的指标体系以后，德米尔格库特和莱文将 41 个人均 GDP 水平不同的国家作为样本，并通过对这些国家过去 17 年间的数据进行实证分析发现：人均 GDP 与股票市场的发展之间存在着相关关系。一般来说，股票市场发展程度较高的国家，其人均的实际 GDP 水平也较高；而且，股票市场流动性每增加 1 个百分点，样本国的人均产出就增加 0.8 个百分点。由此，他们得到结论：股票市场的总体发展和长期经济增长率之间具有很强的相关关系。

格罗德尼申库和施尼泽指出，按照主流的经济学理论，随着经济的全球化，各国之间的收入差距应该逐步缩小。但现实却是，尽管全球化日益加剧，各国间的收入差距和发展不平等仍然长期存在。一般的解释是，各国收入的差距是由各国生产率的差距造成的。但他们二人却认为，不同国家收入水平及生产率的差异在很大程度上是由各国金融市场的差异造成的。他们通过采用由欧洲开发银行和世界银行发起的包括 27 个转型国家的商业环境与企业绩效调查的数据进行实证分析后证明，金融约束制约了低收入国家企业的创新能力和出口竞争力，从而影响了该国生产率及收入的增长，并制约了其赶上经济发达的国家。因此，他们实际上认为，是金融的落后导致了低收入国家的经济落后。为此，他们提出，为了提高微观经济的生产率及刺激经济增长，一国应该重点发展和不断完善金融市场，确保绝大多数企业都能方便地获得外部融资，并不断降低外部融资成本，这将有利于使该国企业更好地进行技术创新和扩大出口，从而实现经济的有效增长。

## 五、金融中介、金融市场与经济增长之间的关系

在实证研究中，还有一些学者将金融中介与金融市场结合在一起研究整个金融体系与经济增长之间的关系。

### （一）股票市场和银行具有不同却又互补的作用

基于金和莱文关于金融中介发展与经济增长之间关系的研究，莱文和泽沃斯通过引入度量股票市场发展程度指标的方式对金融体系与经济增长之间的关系进行全面分析和研究。他们利用47个国家的有关数据得出以下结论。

①银行发展和股票市场流动性不仅和同时期的经济增长率、资本积累率及生产率增长率有很强的正相关关系，而且都是未来经济增长率、资本积累率和生产率增长率很好的预测指标。这说明银行所提供的金融服务不同于股票市场，二者在经济增长中各自发挥不同的作用，金融中介和金融市场这两者都能从不同的角度促进经济的增长。

②股市的流动性（以股票交易额与GDP之比或转手率衡量）与经济增长之间有显著的正相关关系，而股市规模与经济增长之间没有稳定的关系。

③股票市场和银行之间具有互补或相互促进的作用，股票市场发达的国家通常金融中介也十分发达。

### （二）金融中介对经济增长的促进作用显著

阿诺斯蒂斯、德米特里得斯和纽因特尔将银行体系与股票市场的波动性作为控制变量，并利用时间序列数据及分析方法对5个发达经济体的股票市场与经济增长之间的关系进行了实证分析，结果得出了银行和股票市场都能够有效促进经济增长的结论。但他们又认为，相比之下，银行对经济增长的促进作用可能更加显著。

### （三）金融市场对经济增长的促进作用显著

还有学者从银行与金融市场的运行机制出发，寻找银行与金融市场在融资过程中的信息披露机制上的差异，从而建立银行、金融市场及经济增长之间关系的模型。然后，他们又通过实证检验发现，银行和股票市场都对经济增长具有正向的促进作用，但银行对增长的促进作用不如股票市场那么显著。

总之，许多学者通过实证分析都一致认为，金融发达的国家经济增长更快，尤其是拥有大量私营银行以及高流动股市的国家经济发展更快，银行及股票市场都对经济增长有显著的正向促进作用。

## 六、金融发展有利于一国扩大出口

奥代德使用时间序列回归分析方法，对 71 个国家各个不同时期的样本数据进行了实证分析，从而得出结论：几乎 85%的国家的金融中介都促进了该国的经济增长。这一研究结果支持了“金融促进增长”假说。同时，他还发现，金融中介的发展在促进经济增长上比增加劳动投入更重要，其作用与出口扩大、资本形成率提高等因素基本相同。

有些学者在回顾戈德史密斯的金融发展影响经济增长的理论文献基础上，运用计量检验的方法来探索金融发展和研发支出对出口及国际贸易的作用，最终得到了两个结论，具体如下。

第一，一国的金融发展水平与该国的研发支出以及与该国制造业产品占产品总出口的比例之间的关系都是正相关的。

第二，一国的金融发展将增强该国的工业制成品在国际市场上的比较优势并提高其产品的市场份额。

总体而言，在研发过程中投入更多资源的国家，将会提高其工业制成品在产品总出口中的比率，因而会成为工业制成品的净出口国和农产品的净进口国。因此，这些学者提出，一国要扩大出口，就必须在研发活动上增加投入，并且优先进行金融改革以加快金融发展。最后，他们认为，更完善的金融市场和更多的研发投入将有效地推动一国的经济增长。

瓦格纳则从微观层面探讨了金融发展如何影响一国的创新、出口及经济增长。瓦格纳采用特定的公司调查数据，结合对创新和金融约束的衡量，实证分析了金融约束对公司创新和出口活动的影响。其研究结果发现：金融约束制约了国内企业的创新能力和出口范围，从而制约了其赶上发达的科技国家。因此，瓦格纳认为，加快金融发展有利于刺激一国企业的创新能力提高，并扩大一国的出口，从而有助于其经济增长。还有一些学者认为，当一国的制度质量较低时，金融就成了决定该国比较优势的重要因素。

## 七、金融发展有利于促进经济的均衡

克拉里达认为，由于美国成熟的金融市场吸引了全球超额的储蓄，结果导致美国经常账户的逆差。伯南克则指出，从长期来看，亚洲新兴市场国家只有加快金融发展，才会逐步减少这些国家的超额储蓄问题，进而有利于解决全球储蓄过剩问题。这实际上提出了这样一个观点，即只有各国金融发展水平逐步趋于均衡，才能最终消除全球经济的不平衡。

陈和伊藤对 19 个工业国家和 70 个发展中国家过去 33 年间的年度数据进行了分析，并研究了金融发展对债务国和债权国的影响。他们发现：①金融发展和经常账户或储蓄之间存在着负相关关系，这是因为金融市场欠发达的国家向金融市场欠发达的国家超额出口资本，结果产生经常账户的顺差，而金融市场发达的国家向金融市场发达的国家超额进口资本，结果形成经常账户的逆差；②金融发展与储蓄之间也存在着负相关关系，即金融市场欠发达的国家会因储蓄过剩而成为债权国，而金融市场发达的国家则成为债务国。

基于上述结论，他们二人所要说明的观点有：①金融市场越发达、法律制度越完善、金融市场越开放的国家，经常项目账户的余额越小（即经济的外部失衡状况越轻）；②对于法治水平面和金融开放程度都比较高的新兴市场国家，较高的金融发展水平有利于解决其储蓄过剩问题。总之，根据他们的研究，实际上可得出这样的结论：金融发展有利于促进经济的平衡。

此外，有学者试图通过研究一国各地区区域内的金融中介和经济增长之间的关系，来对现有的金融发展理论文献进行补充。其研究表明，金融中介的创新活动及金融发展对各地区的储蓄、投资及 GDP 的增长都有积极促进作用。

## 八、金融发展促进经济增长的其他实证结果

莱文和白克等人一项有关金融发展与经济增长的研究发现，在欠发达的国家，对私人部门的信贷规模每扩大一倍，则该国的年经济增长量将提高 2 个百分点。

克里斯托帕罗斯和斯纳斯的研究与其他传统的时间序列研究不同，他们运用动态面板回归技术，使用滞后值作为面板形式的工具变量，对 10 个发展中国家过去 30 年间的数据进行分析发现：金融发展与人均 GDP 之间的关系是协调的且具有长期的格兰杰因果关系的。

阿洪等人则在采用 71 个发展中国家的相关数据基础上系统地分析和研究了金融发展对经济增长的相关影响和作用。其研究结果表明，一个国家的金融发展水平越低，则该国经济增长率趋同于美国经济增长率的可能性越小，而且该结论不受教育水平、地理因素及制度因素的影响。由此，阿洪等人也证明了金融发展对于经济增长的重要性。

有学者运用超外生性测试方法对韩国在过去 31 年间的年度数据进行了实证分析，他们的实证分析结果支持“金融发展导致经济增长”的观点，而拒绝“经

济增长导致金融发展”的观点。因此，他们认为，金融发展对经济增长有着单向的因果关系。在此基础上，他们提出，韩国只有果断地和不断地加速金融改革才能确保经济的持续增长。

德米尔格库特和莱文在系统综述金融发展理论的相关研究成果基础上，进行了以下四种不同角度及方法的研究。

第一，简单的跨国数据回归。

第二，跨国的面板数据研究。

第三，金融对经济增长机制的微观经济学分析。

第四，单一国家的案例分析。

在此基础上，他们得出结论认为，金融发展与经济增长之间具有正的因果关系。他们还指出，金融发展就是金融功能（如减少信息成本和交易成本、便利交易、动员储蓄、配置资源、改善公司治理、分散风险等）的充分发挥，因此金融发展对经济增长的促进作用就是通过金融功能的充分发挥实现的。德米尔格库特和莱文还指出，改善公司治理方式对于理解金融发展对经济增长的促进作用具有核心意义。

一些学者则从另一个角度探讨了金融发展与经济增长之间的关系，他们认为，金融业的落后会抑制经济的增长。阿洪指出，发育不良的金融市场所产生的金融压制很可能会阻碍穷国采用先进的技术，结果会导致其与世界发达国家的差距加大。这实际上表明，只有加快金融发展才有利于促进经济增长。

安萨里分析了马来西亚的金融发展、货币供应量及政府支出与经济增长之间的关系，他发现：货币政策和财政政策对马来西亚 GDP 的影响微不足道，但金融自由化对 GDP 的影响却十分显著。

可汗等人提出的金融发展促进经济增长（用人均 GDP 的增长代表）的作用机制如图 4-1 所示。

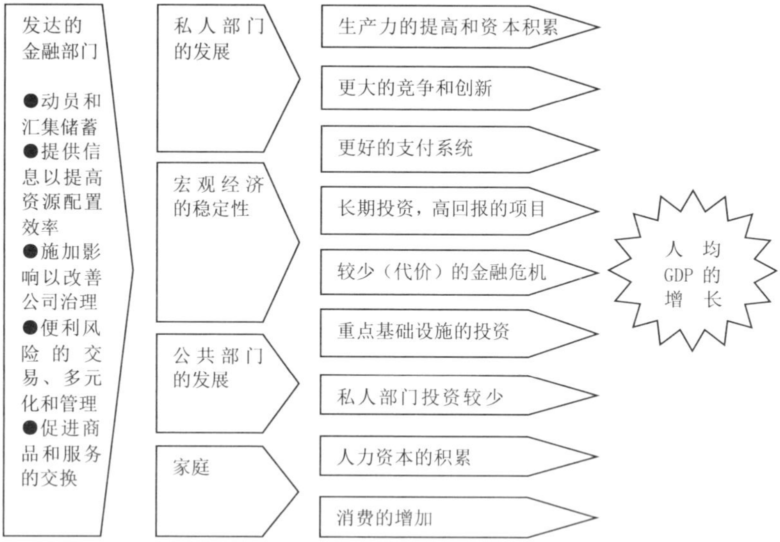


图 4-1 金融发展促进经济增长的作用机制

## 第二节 金融发展与经济增长的因果关系

### 一、经济增长促进金融发展

一些学者认为，金融发展与经济增长之间的因果关系可能并不是金融发展促进经济增长，而是经济增长促进了金融发展。

德米尔格库特曾通过实证检验近 50 个国家金融中介、金融市场与经济发展之间的关系。他的研究表明：一国的金融发展水平也受一国经济发展水平的影响，经济增长或经济发展会促进金融发展。德米特里得斯和侯赛因利用时间序列技术对 16 个欠发达国家的金融发展和实际 GDP 之间因果关系进行了检验，他们的发现几乎没有为金融因素在经济发展中起主要作用的假说提供支持。相反，他们的经验研究更多地支持“经济增长引起了金融发展”的因果关系。

针对莱文、洛艾萨和白克的研究，臧和金采用他们所提供的数据并运用西蒙斯－格韦克因果检验法进行实证检验，却得出了与莱文、洛艾萨和白克不同的观点。臧和金认为，没有发现任何证据表明金融发展对于经济增长有单向的因果性的促进作用。相反，数据分析的结果倾向于经济增长对于金融发展具有显著的推动作用。这意味着，金融发展极有可能是追随经济增长的。臧和金甚至还提出，金融发展对于经济增长的促进作用可能被过分强调与夸大了。

有学者对印度长期以来的金融发展与经济增长状况进行了检验。他发现，从总体上看，在印度是经济增长导致了金融发展。还有学者通过对南非金融发展和经济增长因果关系的分析，也得出结论，在南非是经济增长促进了金融发展。

## 二、金融发展与经济增长存在双向因果关系

一些学者认为，金融发展与经济增长之间的因果关系并非是单向的，而很有可能是双向的。也就是说，对于金融发展和经济增长而言，在前者对后者产生推动作用的同时，后者也会对前者产生推动作用。哈里森、萨斯曼和泽拉发现金融发展和经济增长之间存在相互的反馈效应。

有学者对 9 个经济合作与发展组织国家以及中国的研究表明，样本中约有一半的国家，金融发展与经济增长之间存在着双向的因果关系，而小部分国家仅存在“经济增长引致金融发展”的单向关系，中国就是其中的一例。

卡尔德隆和刘的研究与众不同。他们与之前的其他文献一般只关注于从金融发展到经济增长或者从经济增长到金融发展的单方向因果关系不同，他们的研究同时考虑到了金融发展和经济增长之间可能存在的双向因果关系。而且，他们使用了较新的计量技术和范围更广的数据来进行实证分析。他们采用 109 个工业国家和发展中国家过去 34 年间的数据来组成面板数据，并采用格韦克分解检验方法来考察金融发展和经济增长之间的因果关系，其结论如下。

第一，一般而言，金融发展必然会促进经济增长。

第二，对于金融发展和经济增长而言，从前者到后者以及从后者到前者的格兰杰因果关系并存。

第三，金融发展对经济增长的促进作用在发展中国家比发达国家更大。所以，一般情况下，发展中国家所表现出来的因果关系为“金融发展促进经济增长”。

第四，金融发展对经济增长的促进作用会随着样本区间的增加而不断变大。

第五，金融发展推动经济增长的渠道主要有两种，分别是提高生产率以及加快资本积累，其中效果最显著的是第一种渠道。

## 三、金融发展与经济增长之间的关系并不确定

有一些学者认为，金融发展与经济增长之间的关系并不确定。曼宁曾对金融发展影响经济增长的理论文献进行了系统综述，在此基础上，曼宁对金融发展推动经济增长的结论提出了质疑。他认为，一些国家（如亚洲一些国家）卓

越的经济增长并不是一个“金融驱动”的发展现象，而是一系列因素（包括制度、文化、政治、组织和环境等）驱动的结果。同时，曼宁还指出，金融发展和经济增长之间的因果关系几乎仅在一国高速的工业化时期是显著的，而在其他情况下并不显著。此外，曼宁还试图探索能够更好地分析并解释金融发展与经济增长关系的研究方法。

白克等人通过理论模型预测，发展成熟的金融中介通过减少企业家的代理成本和现金流限制，会削弱实际部门的冲击对经济增长所带来的不利影响，从而有利于熨平经济的波动，但却会放大货币冲击对经济增长所带来的不利影响，从而有可能加大经济的波动。

此外，白克等人根据 63 个国家的面板数据，用贸易条件波动性和通货膨胀分别作为实际冲击和货币冲击的代理变量，最终得到了三个结论，具体如下。

第一，金融中介发展和经济增长波动之间没有稳健的关系。

第二，较弱的证据表明金融中介发展会削弱贸易条件的冲击对经济增长波动性的影响。

第三，较强的证据表明金融中介的过度发展会放大通货膨胀对经济的冲击，从而会导致经济出现较大的波动（尤其在中低收入国家）。

伯格洛夫和博尔顿的研究发现，在绝大多数中东欧和苏联转型国家中，经济增长与金融发展之间没有很强的联系。一些国家经历了高速的经济增长，但金融却未得到有效的发展；而另一些国家经历了金融的扩张，然而经济增长却十分缓慢。即便在那些同时经历金融发展与经济增长的国家，也没有证据表明金融部门有效地支持了经济增长。

另外，伯格洛夫和博尔顿还指出，东欧转型的前十年，金融发展与经济增长之间并没有因果关系，两者是平行发展的，金融发展与经济增长都是由市场化改革所驱动的。德里费尔则强调，虽然一些关于金融发展对经济增长有正向促进作用的实证结果看起来令人信服，但解释起来必须要小心，因为金融发展对经济增长的正向促进作用可能更受其他因素（如法律、制度、地理等因素）的影响。

洛艾萨和兰塞勒则试图在理论上调和“金融发展能够促进经济增长”及“金融发展不利于经济增长”这两类明显矛盾的观点。他们通过构建一个包含短期和长期影响的理论模型认为，从长期来看，金融发展支持且促进经济增长。这一过程包括引导储蓄到有效率的投资项目并提供广泛的金融服务，且通过分散风险，从而带来长期更高的经济增长水平。但是，金融自由化及金融发展在短期内却可能造成经济的不稳定，这是因为，由于金融体系存在着内在的脆弱性

（由于金融机构的高负债经营及金融资产价格的高度波动性），经济在增长过程中会受到金融脆弱性的影响，而金融脆弱性所造成的波动会在一定程度上影响经济的增长。因此，从短期来看，金融自由化或金融发展也有可能对经济增长带来一定的负面作用。但是，他们又指出，一个经济体经过经济的波动以后会变得成熟起来。因此，他们的结论是，虽然金融自由化及金融发展在短期内会造成金融不稳定，但是从长期来看，金融发展确实会促进经济增长。当然，他们也认为，金融深化和金融脆弱性对经济增长的影响可能还与每个国家的金融发展阶段相关。

有学者曾系统地回顾了有关金融发展“导致”经济增长的相关研究成果。该学者搜集了 10 个经济合作与发展组织国家（包括美、英、澳大利亚、加拿大、意大利及日本和韩国等）的数据并加上中国的季度时间序列数据，在此基础上，使用向量自回归（VAR）估计方法以及方差分解和脉冲响应函数分析等方法，重新检验了金融发展与投资、生产率及经济增长之间的相互关系，结果他的实证研究并不支持“金融发展导致经济增长”的假设。他认为，除了少数几个国家之外，大多数国家的金融发展并没有“导致”经济增长。他指出，退一万步讲，即使有人发现了可以支持金融发展“导致”经济增长这一假设的证据，金融发展也只不过是一个经济增长的促进因素而不是决定因素。

## 四、金融发展可能对真实经济活动带来不利影响

需要指出的是，在金融发展与经济增长关系的问题上，除了认为金融发展能够促进经济增长、经济增长刺激金融发展、金融发展与经济增长相互促进以及金融发展与经济增长无关等几种观点以外，还有一种观点认为金融发展甚至有可能或有时会对真实经济活动带来不利影响。

有学者认为，对于一个国家的金融部门而言，一旦脱离了金融和经济的实际发展水平，那么其发展必然会受到影响。具体而言，若是金融部门脱离实际、过度膨胀，则经济的增长必然受到消极的影响。

辛格认为，股票市场在发展中国家的扩张可能会阻碍经济的长期增长。因为大多数发展中国家的股票市场不成熟、信息不对称、缺乏透明度和信息揭露使得这些市场非常脆弱。在这种情况下，股票市场的发展可能会损害经济增长，而非促进经济增长。

拉姆通过对 95 个国家的数据进行实证研究表明，这些国家的金融发展和经济增长之间的关系被认为是弱负相关甚至是可以忽略的。曼克夫则指出，规模过大的金融部门易于导致经济危机。

切托雷利和冈博拉考察了银行的集中程度对依赖于外部融资的产业的影响，结果发现：一方面银行的集中程度与依赖于外部融资的产业增长高度相关；另一方面银行的高集中度对经济增长有抑制作用。

格拉夫和卡曼认为，金融的过度交易以及金融系统固有的不稳定性将会造成严重的不稳定效应。德米尔格库特等人则指出，如果金融体系扩张过快，在繁荣的背后就是泡沫。还有学者通过实证分析发现，经济增长与金融体系深化之间呈现一种减弱的关系，尤其是在东南亚金融危机之后。金融发展与经济增长似乎存在一个临界值，超过这个临界值，金融发展似乎不能持续地促进经济增长。在这样的国家中，金融发展可以短期提高收入，但从长期来看这样的效应会逐渐消失。

## 五、应更深入地研究金融发展与经济增长间的关系

一些学者指出，之所以在金融发展与经济增长关系问题的研究上产生不同的观点，原因在于不同学者所采用的金融发展指标、计量模型、估计方法、样本性质、数据的时间不同，或者是由于所研究的国家不同，因此未来应该选择更广泛及更有质量的金融发展指标和更好的分析估计方法来更深入地研究金融发展与经济增长之间的关系。

可汗和塞哈迪吉在回顾金融发展与经济增长已有研究文献的基础上指出，实证结果表明金融发展对经济增长的影响是正向的，但影响程度的大小因不同的金融发展指标、估计方法、数据频率和关系的函数形式不同而有所不同。因此，他们提出了未来的研究方向是，选取更广泛及更有质量的金融发展指标，同时采用更好的估计方法。

赫尔南多等人抽取经济合作与发展组织国家的截面数据和时间序列数据进行了实证分析，结果并没有发现金融发展与经济增长之间存在显著的正向相关性。对这一结果，他们提供了以下三点解释。

第一，在已经拥有较高金融发展水平的工业化国家，其金融发展和经济增长之间的相关性趋于弱化。

第二，有关金融发展和经济增长相关性的标准分析范式并没有纠正模型的设定偏差，尤其是在一些应当考虑的因素（如国家异质性等因素）没有考虑到的时候。

第三，目前衡量金融发展的标准变量主要是金融机构或金融市场的规模，而不是金融体系的效率。

总的来讲，如何构建金融体系的效率指数，并更深入地分析金融发展与经

济增长之间关系还需要进一步地深入探讨。

还有学者指出，由于各国差异巨大，许多结构性和制度性特征都会对金融发展在经济增长过程中的作用产生影响，这就需要更多地对特定国家进行深入研究，并采用更合适的计量方法来深入研究金融发展与经济增长之间的关系。

## 第三节 金融发展与经济增长关系的理论反思

### 一、金融发展促进经济增长是有条件的

进入 21 世纪以后，一些学者一方面仍然坚持金融发展能够促进经济增长这一基本观点，但另一方面又提出金融发展促进经济增长并不是无条件的，金融发展促进经济增长需要具备相应的前提条件。显然，这一研究将金融发展理论向前推进了一步。

第一，基于健全法治的金融发展才能促进全要素生产率的提高。

有学者建立的模型是用金融合约实施的难易程度来表示金融发展程度的。研究表明，当金融发展程度很高时，投资者容易对撒谎的企业家进行惩罚（因金融合约能够有效实施）。在这种情况下，先进的能够产生更高生产力的技术才会被企业家所采用，也只有在这种情况下，金融发展才能有效地促进一国全要素生产率的提高。这一观点实际上意味着，只有在健全的法制基础上，加快金融发展才能有效地促进一国全要素生产率的提高。

韦斯等人采用 12 个发展中国家及地区的上市公司的面板数据，探讨了投资效率与金融自由化改革之间的关系。结果发现，虽然并没有迹象表明金融自由化改革是否会提高一国的私人储蓄率，但金融自由化确实有利于提高一国的投资效率。这是因为，金融自由化将促成资本向边际回报率更高的公司集聚（当然，他们也指出，这些国家或地区投资效率的提升并不是一帆风顺的，尤其是在金融危机或货币危机期间）。但他们又同时指出，金融自由化对投资效率的促进作用受到一国法制水平及金融监管制度的影响。在法制不健全或金融监管制度不尽完善的国家，金融自由促进投资效率提高的效果常常不理想。他们的实证研究还表明，英美法系国家的金融自由化往往比大陆法系国家的金融自由化更有利于促进投资效率的提高。

第二，在金融发展促进经济增长的作用方面，不合理的制度及结构性问题会产生一定的消极影响。

德赫贾和穆妮研究了美国早些年的金融发展对经济增长的影响。他们的结

论是，金融发展对经济增长有重要作用，但这种作用并不总是积极的，有时甚至会带来消极的影响（如信贷的过度扩张就对经济增长有负面冲击）。因此，尽管金融发展能够促进经济增长，但选择什么样的制度、机制或政策十分关键（如银行分支机构的增加会对制造业，进而对经济增长产生积极影响等）。

还有学者在对金融发展和经济增长的相关研究进行文献综述的基础上指出，尽管金融发展对经济增长的积极作用已经成为一个共识，但许多人还没有深刻认识到金融发展促进经济增长是需要前提条件的。例如，某些国家不合理的制度及结构性问题会限制金融发展对经济增长发挥促进作用。这实际上意味着，只有在制度合理及不存在深层次结构性问题的前提条件下，金融发展才能有效地促进经济增长。

第三，只有在宏观经济较为稳定或者通货膨胀率较低的情况下，金融发展对经济增长的正向促进作用才能够更好地实现。

李和王运用一个门限回归模型分析了通货膨胀、金融发展和经济增长这三个变量之间的关系。其实证结果表明，只有在通货膨胀率较低或适中的情况下，金融发展对经济增长的正向促进作用才能够更好地实现。他们具体分析了日本的情况，结果发现：在日本，当通货膨胀率门限值低于9.66%时，金融发展对经济增长有显著并持续的影响。但是，当通货膨胀率高于9.66%的门限值时，金融发展会破坏经济增长。总之，他们的估计结果表明：①通货膨胀率的变化是导致金融发展和经济增长关系改变的因素之一；②只有通货膨胀较低或适中时，金融发展才会促进经济增长。为此，他们提出，决策者在制定促进或加速金融发展的任何政策时，都不应该忽略通货膨胀在金融发展和经济增长关系中的作用。他们的观点实际上证明：如果一国在通货膨胀的情况下过度加快金融发展，则反而会破坏经济增长。

博伊德、莱文和史密斯的实证研究表明，低通货膨胀率或通货膨胀率稳定的国家有利于促进银行和股票市场的发展。德米尔格库特和蒂特盖奇则认为，高通货膨胀率和高实际利率会提高一国出现银行危机的概率。豪纳的回归分析表明，汇率水平的不稳定性会阻碍国内债券市场的发展。同时，他还发现，一国的私人银行比例越大，且通货膨胀率越低，则该国的债券市场就越发达。

黄从政治经济学的角度研究了影响一国金融改革的因素。与阿比亚德和莫迪的观点不同的是，他认为，金融危机和高通货膨胀率对于金融改革有负面影响。也就是说，在金融危机或高通货膨胀时期，政府往往不会推进金融改革。

易卜拉欣对马来西亚的财政部门在经济增长中的作用进行分析后认为，马来西亚的财政收支状况的改善对稳定该国的金融体系起到了重要的作用。

第四，金融发展对经济增长的促进作用受政治因素的影响。

韦斯等人用通货膨胀率来反映一国宏观经济的不稳定性。他们的研究发现，当一国宏观经济出现不稳定现象时，人们很难发现好的投资机会。在这种情况下，金融发展对经济增长的促进作用就会受到严重影响。伯格洛夫和莱曼通过研究俄罗斯爆发金融危机及货币危机以后的经济增长与金融发展状况发现，真实经济增长和金融发展都受益于宏观经济及广义经营环境的改善。而宏观经济及广义经营环境的改善最终依赖于支撑宏观经济及广义经营环境的政治因素。

第五，金融发展促进经济增长的关键是金融的效率而不是金融的规模。

瓦克特尔认为，金融的效率比融资规模或投资规模的大小对于经济增长更为重要。为此，瓦克特尔举出苏联的例子，他认为，虽然苏联的资本积累率很高，但长期的经济增长却不理想，原因在于苏联的金融及投资效率很低。因此，他指出，金融业能否有效地分配投资对于经济增长至关重要。而且，金融业有效率还有利于减少或避免金融危机的发生。此外，他还估计，美国国内生产总值约有8%是由金融服务行业（包括存款性金融机构及非存款性合约式金融机构、金融经纪公司及保险公司等）提供的。

豪尔赫等人指出，为了避免金融危机的发生，通过提高金融部门效率的方式来将金融发展和金融自由化组合起来是非常重要的。特别是对于快速增长的国家来说，旨在提高金融部门效率的金融发展变得十分迫切和必要。这意味着，提高金融部门的效率不仅有利于促进经济增长，还有利于避免金融危机。

还有学者认为，金融发展与经济增长的研究文献大都使用金融体系的规模而不是金融体系的效率（或金融中介的质量）作为衡量金融发展的变量，因而得出的结论并不可靠或往往会得出不同的结论。而他们使用的是通过随机前沿分析得到的成本效益估计量将金融体系的效率（金融中介的质量）作为衡量金融发展的指标，然后进行理论分析。他们分析之后认为，促进经济增长的是金融中介的质量或效率，而不是信贷规模的扩张。这一分析实际上意味着，如果金融发展只注重规模则有可能给经济增长带来不利的影响，只有注重金融发展的效率才会给经济增长带来促进作用。

第六，国内的学者提出了相应的最优金融结构理论。

林毅夫首次提出最优金融结构理论，他结合了新结构经济学的理论，将一国的要素禀赋和比较优势考虑进去，金融制度要和国家的要素禀赋相匹配才能更好地实现其拉动经济增长的功能。龚强等更加深入地考虑了金融制度与产业特征的结合，他认为金融中介和金融市场在不同的产业结构下发挥着不同的作用，并且证明了存在着最优的金融结构，即随着经济的发展，最优金融结构会从银行主导型过渡到金融市场主导型。

季益烽考察了经济增速最快的31个经济体的相关数据，并且对最优金融结构进行粗略的测算。然后再扩张到104个经济体进行对比，测算各个经济体的最优金融结构并计算金融结构缺口，通过分位数回归的方法测算金融结构缺口绝对值对经济增长的影响。将影响经济增长的一些宏观经济变量和政策变量抛开，能够发现金融缺口绝对值的变动与经济增长率呈现了负相关关系。这就说明了一国的金融结构缺口越高，经济增长速度就越慢，偏离最优金融结构是会阻挠经济增长的。

张成思等在前人的基础上考虑了金融监管的因素，使用一般均衡分析的框架找到了最优金融结构与社会福利之间的微观逻辑，进一步分析了最优金融结构的动态变化及其对经济增长的影响。他得出的结论是，最优金融结构并非是银行主导型或者是市场主导型，金融结构取决于一国实体经济的需求。

## 二、金融发展刺激经济增长的作用是变化的

概括来说，金融发展刺激经济增长的作用随着金融发展水平或经济发展阶段的不同而不同。

目前，越来越多的学者倾向于认为，金融发展对经济增长的促进作用存在阶段性，分歧只是在于这一促进作用主要是体现在低收入国家还是体现在中等收入国家。

### （一）低收入国家金融发展对经济增长的促进作用更大

王所构建的模型认为，从金融发展与经济增长间的因果关系角度看，大部分不发达国家发展初期的主要表现都是金融发展促进经济增长，且在经济发展的过程中，这种因果关系会逐渐发生变化。

有学者通过分析42个国家（包括26个发展中国家和16个发达国家）的相关数据，研究了金融发展和贫困减缓之间的因果联系，其实证结果表明：①在经济发展达到一定的门槛水平之前，金融发展往往是通过促进经济增长而间接地减缓贫困；②金融发展对经济增长的促进作用在低收入水平时期最明显，贫困的发展中国家能够从金融发展中获益更多；③当金融发展处于低水平时，金融发展与不平等是正相关的，但是一旦金融发展达到了门槛水平，二者就变成负相关了，即金融发展与不平等的关系呈倒U形。

柯克帕特里克等人也检验了金融发展、经济增长、收入不平等和贫困减缓之间的联系，其实证结果显示：金融发展能够减少贫困，且金融发展对经济增

长的促进作用在低收入国家更为显著。

冯的实证研究也显示：金融发展和经济增长之间的相互促进作用在经济发展的早期效果最强，因此金融部门发育较好的低收入国家更容易赶超中等收入和高收入国家。而金融部门发育不良的国家往往会因经济增长缓慢而陷入贫困。这种现象可以被用来解释为什么那些最穷的国家总是陷入一个恶性循环：一方面是糟糕的金融部门阻碍了欠发达国家利用金融服务来促进经济增长；另一方面缓慢的经济增长又不能创造金融发展所需的足够的金融服务需求。由这种恶性循环引起的“贫困陷阱”可以解释欠发达国家与发达国家之间“巨大的发散”（即二者之间的差距不断扩大）。

黄和林则使用工具变量门槛回归方法，并采用莱文等人的数据集研究了金融发展与经济增长之间的关系。其研究结论主要有三点，具体如下。

第一，金融发展和经济增长之间确实存在正向因果联系，并且这种正向因果作用在低收入国家中比在高收入国家中更显著。

第二，相比高收入国家来说，低收入国家的金融发展对于促进资本积累和生产率的提高有更大的作用。

第三，金融发展促进生产率提高和资本积累的作用在一国经济发展到一定程度以后会逐渐减弱并变得不显著。

### （二）达到一定水平的金融发展会推动经济增长

概括来讲，只有当金融发展达到中等水平或超过一定的门槛以后，金融发展才对经济增长有强烈的正面促进作用。

有学者以人均收入作为阈值变量，并运用阈值回归模型进行分析后发现：在人均收入的临界值低于 800 美元的时候，金融对经济增长没有显著的促进作用。因此，他们认为，当金融发展低于一定的水平时，它对经济增长可能毫无作用；而只有当金融发展到了一定的门槛以后，金融发展对经济增长的促进作用才会很大。

里奥哈等人运用 GMM 动态面板技术检验了 74 个国家的面板数据，结果发现：金融发展和经济增长的关系在不同的国家是不同的，这种关系随一国金融发展水平的不同而不同。其中，从金融发展对经济增长的作用角度看，如果一个国家的金融发展水平较低，那么这种作用是不确定的；如果一个国家的金融发展水平处于中等水平，那么这种作用是正向且强烈的；如果一个国家的金融发展水平较高，那么这种作用是正向的但是很小。这个研究结果实际上也表明，应当谨慎地预测金融部门的扩张对于刺激经济增长的作用。

德米特里得斯等人通过实证分析后发现了以下结论。

第一，当金融体系在一个合理的体制框架内运作时，金融发展会对经济增长产生较大的有利影响，这一情况对低收入的国家更适用。

第二，由于低收入国家的金融体系缺乏合理的制度基础，因此这些国家的金融发展很难促进经济增长。对于这些国家而言，制度的改进比金融发展对经济增长的促进作用更大。

第三，金融发展在中等收入的国家能够提供更大幅度的经济增长，特别是如果中等收入的国家制度质量较高，则金融发展对经济增长的促进作用将更大。

第四，高收入国家的金融发展对经济增长的促进作用小于中等收入国家的金融发展对经济增长的促进作用，即使这些高收入的国家制度质量比中等收入国家更高也是如此。

最后，他们提出，“更好的金融、更快的增长”模式比“更多的金融、更快的增长”模式更好。

此外，巴尔韦德、德尔帕索和费尔南德斯认为，金融发展和经济增长之间的关系依赖于金融发展自身的水平。

### （三）达到“平衡”水平的金融发展可促进经济增长

概括来讲，金融发展只有处于最优的“平衡”发展水平才能有效地促进一国的经济增长。

格拉夫和卡曼提出了金融最优的“平衡”发展水平这一概念，并为这一概念提供了经验支持。他们认为，如果一国的金融发展水平低于最优的“平衡”发展水平（即金融发展不足）或高于最优的“平衡”发展水平（即金融发展过度），则该国的金融发展对经济增长的促进作用都将十分有限。也就是说，不发达或过度发达的金融部门均对经济增长不利。

值得注意的是，他们强调，金融的“过度发展”比金融的“不发达”对经济增长可能具有更不利的影响。这是因为，金融的过度交易以及金融系统固有的不稳定性将会造成严重的不稳定效应，因此一国的金融发展只有处于最优的“平衡”发展水平才能有效地促进一国的经济增长。他们还为此提出了金融活动最优的发展水平以及金融活动低于发展水平和超过发展水平的无效的临界值。

### （四）金融发展促进经济增长的短长期效果不同

克里斯托帕罗斯和斯纳斯运用 10 个发展中国家的截面数据和时间序列数据考察了金融发展和经济增长之间的短期和长期关系。他们的结论是，金融深化程度和产出在短期内可能并不存在因果关系，但金融深化程度对产出的促进作用从长期来看却是有效的。也就是说，金融发展和产出之间可能存在着一个“门限效应”。在一定的水平之下，金融发展对经济增长可能只有很小的作用或者根本没有作用；而到达了一定的门限之后，金融发展对经济增长就有很大的作用。他们还发现，旨在改善金融市场的政策有时可能在短期对经济增长有延迟效应，但从长期来看，金融发展促进经济增长的作用却是显著的。因此他们认为，一国政府应力图从长期的角度考虑政策（包括推动金融发展的政策）的制定。

洛艾萨和兰塞勒在实证分析的基础上发现，金融发展与经济增长之间从长期来看确实存在正向的因果关系，但金融发展与经济增长的短期系数则为负数。

## 三、应正确地估计金融发展对经济增长的促进作用

还有许多学者认为，对金融发展的作用不应过高估计，同时金融发展过程中存在着不容忽视的风险。

### （一）对金融发展促进经济增长的作用不应过高估计

莱文、里奇及斯洛克采用 57 个国家的相关数据分析国际金融一体化对经济增长的影响。他们的研究发现，尽管金融开放及国际金融一体化和发展良好的经济（如人均 GDP 水平较高，而且制度较完善）相关，但这并不能证明金融开放及国际金融一体化能自动地促进经济增长，因为经济发展良好的国家通常都是经济开放的国家。

阿洪等人认为，金融发展只要达到一个最低门槛，所有国家的金融发展都会趋同（类似于技术进步导致各国经济增长率最后趋同一样，差别只在绝对水平的高低）。这实际上是认为，从长期来看，一国不可能长期依赖金融发展来刺激经济增长，因此对金融发展促进经济增长的作用不应过高估计。格林伍德、桑切斯和王等人认为，在推动经济增长的众多因素中，金融发展属于重要因素之一，但不是唯一的决定因素。

### （二）金融发展促进经济增长的作用将逐步减弱

里奥哈等人曾运用 GMM 动态面板技术检验了 74 个国家的面板数据，并进行实证分析后指出，在金融发达的国家，虽然金融发展对经济增长有积极作用，但这种作用较小。阿洪也提出了类似的观点，他认为金融发展确实有正向作用，但是从长期来看，当一国的人均 GDP 较高且处于稳态状况时，金融发展对人均 GDP 的增长作用并不大。

冯的实证研究还发现，在一国的经济增长达到一定的水平并趋于平稳以后，金融发展和经济增长之间的相互促进作用会逐渐减弱。因此，对于中等收入和高收入国家来说，经济增长和金融发展都是收敛的。换句话说，当实际部门和金融部门互相强化时，经济会收敛到一个经济增长和金融发展的稳定平行发展状态。这时，金融发展对经济增长的促进作用并不大。

冯还指出，在经济发展的早期，人力资本对于经济增长较为重要，但到了经济发展的后期，经济自由化则变得更加重要。经济自由化对于稳态路径下高收入国家的人均 GDP 和金融发展有着显著的正向促进作用，但是这种作用对于低收入国家并不显著。而人力资本对于低收入国家金融发展的稳态路径有正向促进作用，但对于高收入国家而言，这种作用不明显。

对于为什么在经济处于发达水平或一国的人均 GDP 较高且处于稳态状况下，金融发展对经济增长的促进作用很小，有学者提供了一种解释。他认为，在经济发展的初级阶段，金融体系的专业化及规模经济效应较大，因而金融发展会对经济增长产生较大的影响。然而，在经济发展的高级阶段，金融体系的规模收益会递减，因而金融发展对于经济增长的促进作用就会变小。

### （三）应关注金融发展过程中的风险

豪尔赫等人通过构建一个模型，提供了关于经济增长、金融发展、金融自由化和金融危机之间相互关系的有趣视角。他们认为，简单地将金融发展和经济自由化改革整合在一起有很大的风险，因为这可能导致金融危机。

阿洪、巴彻塔和班纳吉的研究发现，相比金融发展水平很成熟和很不成熟的经济体而言，金融发展处于中等水平的经济体的稳定性更差。因而那些正在经历金融发展过程的中等收入的经济体，在短期内经济会较为不稳定，特别是这些经济体开放资本账户会加剧其经济的不稳定。

在这一理论分析的基础上，他们提出了以下有启发意义的观点。

第一，一个不受束缚的金融自由化过程或许会加速经济的不稳定，且会造成经济的衰退。

第二，引进外商直接投资不会加剧经济的不稳定。即使在金融发展水平很低的情况下，大量引进国际直接投资也不会有太大的不稳定成本。

第三，本国所拥有的特定生产要素的相对价格上升可能是导致新兴市场国家金融危机的重要因素。

第四，经济衰退应被视为经济体正常发展过程中的一部分，因此一国在金融危机爆发时不应采取过度矫正的政策。特别是对于新兴市场经济体而言，草率而激进的矫正政策弊大于利。

第五，低利率政策并不是刺激经济复苏的最佳选择。

阿诺斯蒂斯和卡纳在分析金融自由化与贫困减缓之间的关系时指出，若一国未将宏观经济稳定作为首要目标以及在配套性的制度或机构（如金融监管制度等）尚未建立的情况下贸然推动金融的自由化，即便这样可以带来经济扩张，最终却往往会以危机的爆发和贫富分化的加剧为代价。可见，如果一国在宏观经济不稳定且配套性的制度或机构（如金融监管制度等）尚未建立的情况下加快金融的自由化将存在很大的风险。他们还指出，一旦发生金融危机，贫困人群将会比富裕人群付出更大的代价，并将导致社会的动荡。因此，如果金融自由化改革不能惠及穷人则有很大的风险。

瓦格纳认为，金融发展是值得欢迎的，它使得银行的经营成本降低。但是，它也可能带来不利影响或冲击。因此，在金融发展过程中，应实行提高银行资产透明度的监管制度。莫迪等人则发现，银行部门的危机往往会导致改革的倒退。

### （四）不能过度地依赖金融发展来刺激经济增长

柯克帕特里克和格林认为，仓促的金融自由化及弱化的金融监管往往与经济不稳定和经济衰退有直接关系。安德森和特拉普回顾了在理论和实证方面对金融发展和经济增长关系的研究成果，主张发展中国家在进行金融改革时应该采取更加审慎的方式。冯甚至提出，不能过度地依赖金融的发展来刺激经济增长。

克拉里达认为，美国成熟的金融市场吸引了全球超额的储蓄，结果导致美国经常账户的逆差。这意味着，金融发展也会产生相应的问题。

## 四、金融发展如何更好地促进经济增长

一些学者则思考金融发展如何更好地促进经济增长这一问题，并提出了有启发意义的观点。

### （一）金融发展模式或结构应与经济发展阶段相联系

伯格洛夫和博尔顿的实证研究认为，从经济转轨国家的情况来看，银行导向的金融结构体系并不能有效地推动经济增长，转轨国家的某些金融深化措施由于与其经济发展阶段不适应，结果反而伤害了实体经济部门的增长。

有学者认为，在金融不发达的国家，强调大力发展金融中介的间接融资有利于经济增长，而在金融发达国家，金融市场的发展更有利于经济增长。该学

者实际上主张，金融发展模式或金融结构应与经济发展的阶段相联系。

伯格洛夫和帕特里克认为，只有金融发展能影响实体经济部门朝着有效的方向发展，才可能导致经济增长。

**（二）推动金融体系变革可促进经济持续增长**

如果要推动经济的持续增长，金融体系就需要变革演化，并能够帮助经济体有效地利用新技术。

莱文回顾了有关金融发展和经济增长关系的理论和实证研究工作。他认为，大量的实证分析（包括企业层面及行业层面研究、个体国家研究、时间序列研究、面板数据调查以及广泛的跨国比较等）都论证了金融发展与长期经济增长之间存在显著的正向因果关系。但是，他指出，在经济发展的不同阶段，金融体系可能提供不同的服务。由此，他认为，如果要推动经济的持续增长，金融体系就需要变革。因为只有这样，金融体系才能适应新的情况并不断推动经济的增长。此外，他还特别强调，只有金融体系不断演化并能够帮助经济体更有效地利用新技术时，金融发展才能有效地促进经济的持续增长。

**（三）在进行金融改革时要考虑成本和收益**

低收入国家在进行金融改革时要全面权衡金融改革的成本和收益，并应稳步地进行改革。

李认为，从经济学的角度来看，“天下没有免费的午餐”，即人们必须为获得的东西付出代价。金融改革也是一样的道理，进行金融改革虽然可能获得实质收益，但却需要付出实质成本。因此，一国在进行金融改革时，应比较金融改革的成本和收益。他还认为，金融改革的一个重要特点是，它的收益是长期逐渐产生的，但是它的成本却发生在短期。因此，一国在进行金融改革之前应度量改革的当前成本和改革收益的预期贴现现值。此外，由于金融改革具有一定的风险性和不确定性，这就使得对金融改革的成本和收益进行比较变得十分复杂。

李指出，对于人均收入低于1000美元的国家来说，采用人均收入超过30000美元的国家的金融体系是不明智的。这是因为，不同的金融体系或技术会有高低不同的成本，更先进的金融体系或技术意味着更高昂的成本。同样，金融改革在提高金融中介效率的同时也会增加中介的成本。贫困国家很可能负担不起高效率金融技术的高昂固定成本，因此采用成本过高的金融体系或金融技术，这反而会让贫困国家变得更加贫困。但对于富裕的国家来说，由于其能够较轻松地承担改革的成本，因此富裕国家进行金融改革比较容易，且能更轻松地采用更好的但成本也更高的金融技术。李主张，贫困国家在改革的初期应该采用成本和收益都较低的金融技术（如互助储蓄贷款协会、出口融资机制、贸易信贷、微型融资、家庭融资和乡镇企业融资机制等），扶持小型企业发展并逐步积累人力资本、消除贫困以及促进技术进步。随着经济的发展，贫困国家可以逐步采用更高效的金融技术。

为此，李主张低收入国家应该采取渐进务实的金融改革方法。在改革的初期，一国不应该采用成本高昂的激进式改革，而应先采取收益较少但成本也较低的改革措施，以获得稳定的增长。随着经济的发展及财富的增加，该国再采取成本较高但收益较大的改革措施。总之，他认为，低收益、高成本的改革往往会失败，而温和的改革措施往往能收到更好的效果。

# 第五章　金融发展与金融抑制

“金融抑制”理论的提出，在经济学界引起了强烈反响，被认为是发展经济学和货币金融理论的重大突破。许多发展中国家货币金融政策的制定及货币金融改革的实践都深受该理论的影响。本章分为金融抑制的经济学解释、金融抑制政策的经济学分析与经济后果、政策性金融与金融抑制、金融体系中的政府干预与金融体系的效率四部分。主要内容包括金融抑制的内涵和传统解释、利率管制的经济学分析、政策性金融的功能、政府管制与金融部门的效率等。

## 第一节　金融抑制的经济学解释

### 一、金融抑制的内涵和传统解释

20世纪70年代，“金融抑制”这一术语首次出现在人们视野中。“金融抑制”这一术语与“金融自由化”相对立，但是金融学家和经济学家对于“金融抑制”的定义至今仍未统一。实际上，金融抑制包含的内容十分丰富，要在一个简单的定义中涵盖金融抑制的所有内容是极其困难的。

在《经济自由化的秩序：市场经济过渡期的金融控制》一书中，麦金农认为“金融抑制”不仅会割裂国内资本市场，还会对实际资本积聚的质量和数量产生消极的影响，它是一种货币体系被压制的情形。麦金农与肖认为，对于经济增长和经济发展来说，金融变量与金融制度并不是中性的，政府的政策和制度的选择是决定其发挥积极作用还是消极作用的关键。错误地选择金融政策和金融制度是许多发展中国家都存在的现象。具体来说，就是政府当局强制干预金融活动，对利率和汇率进行人为压制，导致金融体系与实体经济发展极为缓慢，这种现象就是“金融抑制”。

拥有决策权力的政府是金融抑制的实施者，对金融市场中的价格和交易进行干预是政府实施金融抑制的基本工具。金融抑制使金融体系中的市场机制扭曲，从而实现政府的经济发展战略。

从长期来看，金融抑制的实行不仅破坏了稀缺资源配置的市场机制和稀缺资源配置的价格体系，还长期压制了国内的资本市场和货币市场，导致金融体系有效配置资金的经济功能难以发挥出来，阻碍了金融的发展和经济的增长。

## 二、金融抑制论和金融抑制的悖理

### （一）金融抑制论

1. 金融抑制论的研究对象

金融抑制论的研究对象是具备以下特征的发展中国家。与发达国家的金融体制相比，发展中国家的金融体制有如下特征。

（1）货币化程度低

货币化程度是指在一定经济范围内通过货币进行商品与服务交换的价值占国民生产总值的比重，是衡量一个国家经济和金融发展程度的重要指标。

（2）金融体系呈二元结构

发展中国家的金融体系被分割成截然不同的“两大”阵营：以现代大银行为代表的现代部门和以钱庄为代表的传统部门。前者主要集中在大城市和经济发达地区，后者普遍存在于落后的农村。

（3）金融市场比较落后

金融市场比较落后主要表现在两个方面。一方面，金融机构单一。商业银行在金融活动中居于绝对主导地位，非银行金融机构不发达，因而金融资产形式也十分单一，且数量有限。另一方面，直接融资市场落后。发展中国家的证券市场是政府的融资工具，发展中国家缺乏较为发达的证券市场。企业资金主要有两方面的来源：其一，自我积累；其二，银行贷款。

（4）政府对市场过度干预

限制金融活动是政府过度干预市场的重要表现。一是严格管制、统一调整利率和汇率；二是强制性干预一般金融机构的经营活动；三是采取强制性措施对金融机构实行国有化。

2. 金融抑制的原因

金融抑制的主要原因表现在利率管制、信贷管制和外汇管制几个方面。

（1）利率管制

金融当局对存款和放款利率的上限进行硬性规定，导致资金的供求情况难以通过利率正确反映出来，使金融资产的价格被扭曲。与此同时，面对通货膨胀，政府当局难以进行有效的控制，导致通货膨胀率难以通过名义利率进行补偿，造成了实际利率为负值的局面。对于储蓄者来说，负利率的消极影响非常大，负利率缺乏吸引力，导致储蓄者不愿意在金融体系中储存剩余资金，从而降低了社会储蓄量。对于借款者来说，负债越多，负利率的优势越能体现出来，从而刺激过度投资。这对金融体系的正常发展产生了重大的影响。

（2）信贷管制

在国家控制体制下，金融体系采用配给的方式为信贷提供供应。通常情况下可以获得信贷的企业有两种：一种是享有特权的国有企业；另一种是与官方金融的关系极为特殊的私营企业。但是，这些借款者进行投资的效益时好时坏。正因如此，信贷配给政策就可以将那些高效益的项目挤掉，从而降低资金的使用效率。

（3）外汇管制

政府管制外汇市场，导致外汇的实际供求状况难以通过汇率真实反映出来。发展中国家的生产力水平普遍较低，其产品难以在国际市场上立足，发展中国家缺乏先进的技术，想要短时间内提高生产力只能依靠先进技术和设备的进口。那么实行进口替代的发展中国家如何降低进口成本呢？一般来说，他们通常采用高估本币币值的汇率政策。虽然高估本币币值可以有效降低进口成本，但是这也存在一定的弊端：其一，损害本国出口，沉重打击了本国的出口业；其二，刺激进口，会出现过度需要外汇的现象。除此之外，由于外汇具有便宜的特点，可能会出现滥用外汇的现象。在发展中国家，资金和外汇的真正成本和机会成本难以通过利率和汇率反映出来，长此以往，将导致资源的配置不合理、资源的严重浪费，从而造成就业困难、经济落后的局面。

### （二）金融抑制的悖理

1. 禁止高利贷

关于“反高利贷法”这一问题，凯恩斯是站在“未经神明启示的人”这边，并反对“古典经济学派”的。他认为，利率不会自动调整到一种水准，来适应社会利益；反之，利率常有太高之趋势，故贤明当局应当用法令、习惯甚至于道义制裁加以抑制。

反对利率升得“太高”的法令、习俗和道德水准，在落后经济中广泛存在，在其他地方亦是如此。也许存在一种凯恩斯式的动机，即限制生产性真实资本之外的其他资产的流动性升水。另一动机可能是为了保护弱小者，使其免受对消费者、农户和小企业贷款的苛刻条件的盘剥，并打破放款人方面的垄断。高利率被认为具有剥削性，对其最明确的解决办法，就像对其他社会罪恶一样，是实行禁止。此外，高利率有时被认为具有通货膨胀性。如果真实资本所有者支付了高利率，那么他会通过成本推进效应，将这笔费用计入最终产品的价格。根据以上观点，《反高利贷法》的责任重大。它可以防止经济停滞与就业不足，保护弱小者免受剥削，以及抑制通货膨胀。“高利率会引发通货膨胀，因而必须压低利率以维持商品价格稳定”这种观点，基本上是没有看到名义利率同实际利率的差别，超过利率的实际上限才是通货膨胀性的。

2. 控制名义货币的缺陷

除非名义货币量被置于有效的控制之下，或者除非货币失控产生的通货膨胀影响被相对价格，特别是被利率和汇率的变动所抵消，实际金融增长和金融深化才会出现。我们知道，不能补偿的名义货币扩张，是对实际货币余额的一种课税，理性的金融资产持有者会把资产转向不易受影响的其他财富形式，以逃避这种赋税。落后经济有其典型的货币失控情况，在某些情况下，造成货币失控的原因很简单，那就是当局不具备控制货币的手段。在另一些情况下，原因是政府的控制手段失效了，政府不能有效地对付那些破坏货币稳定的力量。最后，有些落后经济采用了这样一些政策组合，使得金融抑制成为必然并且积重难返。

满足财政部门和计划部门的要求，扩大名义货币供应，然后再对包括利率在内的价格进行行政控制，并用配给方法解决对储蓄和一般商品的过度需求，这对落后经济的诱惑力是很强的。

3. 金融政策指导理论的缺陷

在许多总体经济模型中，通向金融抑制道路的标记明显，货币当局也极易仿效。在落后经济和其他一些地方，《就业利息和货币通论》被错误地理解了，它被作为反对实际货币余额窖藏需求的理由，它被作为使货币当局和其他官员限制人们将铸币和通货藏于枕头、床铺下面，以及限制人们持有低速流通的存款货币余额的合理化的行为依据，它也被作为推行金融抑制的理论依据，而这肯定会使凯恩斯感到可悲。凯恩斯式财富观和债务中介观都认为，在落后经济中货币深化是十分必要的，货币深化不会导致资本枯竭，甚至枕头和床铺下的货币也是货币当局的最好朋友。

可以经常发现有这种情况，国民经济计划中的经济发展政策，只包括投资率、投资质量、劳动力动员、农业改革和其他非金融因素。在给定产出增长的计划比率和不变的边际储蓄倾向估计的情况下，为了支撑总投资，还要谋求国外资金，各种投资数的组合要根据计划模式所估算的投资收益率去进行安排。这里假定，所需的国内储蓄多少要通过一些经常采用的方法（包括通货膨胀税）来获得，投资和储蓄事后毕竟总是相等的。这里还假定，只要进行足够的特殊控制，储蓄就能被正确使用，没有必要为货币市场和资本市场发愁。我们的反驳很简单，没有这些政策，会造成金融抑制，一个脆弱的金融体系只会妨碍资本积累计划的完成，并增强对外援的依赖。

4. 金融抑制和反抑制

关于金融抑制还有另一种解释。这种解释的依据是一整套实证判断，这些判断表明，金融深化是一种无效发展战略的一个部分，而金融抑制则适合于强有力的结构转变型经济发展战略。这种观点主张，在经济发展较为成熟的某个阶段，才可以推行金融深化，而对落后经济来说，推行金融深化尚操之过急。对实行中央集权制的社会主义经济来说，这个问题就更加无从谈起了。

实际金融增长要耗费许多稀缺的生产要素，还需要一套完善的法律制度，需要复杂的资产管理技术，而这些在落后经济中却是不存在的，并且也不可能很快得到。对上述观点只需这样答复就够了：当高利率迫使人们尽可能少地使用昂贵的人力资本和真实资本，当竞争压力消除了寡头利润——它们确实被用来购买豪华的装备，当管制性干预不再引起融资差别时，金融增长才具有经济意义。

金融增长过程同市场演进过程是并行不悖的。例如，货币的收入效应就是由于货币有助于扩展市场、完善市场、降低交易成本而产生的。那些导致金融深化的政策措施，会使经济进一步脱离仅为糊口、以物易物、狭窄的区域性自给自足的生产阶段。在许多情况下，“市场力量在此无效”恰好是因为金融抑制阻碍和干扰了市场力量发挥作用。如果市场力量很微弱，那么实行金融深化就更为迫切。而且，有证据表明，即使在经济发展的早期阶段，经济行为对相对价格的变动也是敏感的。这种证据虽然不系统，但是很有说服力。例如，加纳的农民很快就掌握了比较优势而成为可可的主要生产者；远东地区的农民也表现出了他们对谷物价格差异的敏感，他们改变了就业机会，从而离开农村。市场受抑制地区的影响程度，表明了市场力量相对于市场干预来说是太强大了。如果允许市场力量发挥作用，市场力量随时都可以成为经济发展的动力。

## 第二节　金融抑制政策的经济学分析与经济后果

### 一、利率管制的经济学分析

在实行金融抑制的国家中，对金融市场上的价格进行管制是最常见的抑制政策，也就是对于利率水平设置上限。利率水平包括两部分：一是存款利率；二是贷款利率。利率管制的逻辑根源在此不再论述，我们现在尝试利用简单的模型来分析利率上限的设置可能带来的经济后果。我们首先假定一种自源融资的情形，如图 5-1 所示。在自源融资中，资本的供给依赖生产者自身的资本积累存量，不利用金融中介的资金融通作用。资本的需求曲线 $W$ 是由公式 $K=W(Y_k)Y$（其中 $Y_k$ 是资本的边际产品，即资本的收益率 $r=Y_k$）决定的，表示在每一个资本收益率上所对应的相对于收入（或产出）的意愿资本持有量（即资本产出比率）。在自源融资的情形下，财富所有者在生产中直接利用自源资本获得资本的边际产品。与完全自源融资的情形相反的，是完全依赖外源融资的生产，即依赖金融市场上的中介机构进行融资的情形。在此情形下，在搜寻金融机构、金融工具和金融市场其他信息时要考虑到所花费的代价，我们应该注意，不管是直接的还是间接的金融中介渠道，都要使用真实的要素投入，因而会产生实际要素成本，我们把每单位资本的实际要素成本表示为 $c$，一旦金融体系中的储蓄依靠金融中介从资金的盈余部门输送到资金的赤字部门，就会发生所谓的“中介效应”，使得资本的配置可以产生比在自源融资的情形下更高的平均产出。

金融中介在每一个资本密集度（即资本收入比率）上都提高了资本的边际产出，如图 5-1 所示，$Y$ 代表当投资是依靠金融中介来进行的时候的资本边际产出，而在自源融资情形下的资本边际产出表示为 $Y$（即 $T$ 曲线）。在金融中介由存款性机构所担任而且各机构之间充分竞争的时候，在金融中介过程中就不存在垄断利润，财富所有者的收益率为 $r=k-c$（其中 $r$ 是存款利率，$k$ 是融资经济的资本边际产品，$c$ 是每个时期的实际单位融资成本）。如图 5-1 所示，单位融资成本是资本边际产品和存款利率的差额。从图上分析，均衡解为曲线 $r$ 和曲线 $W$ 的交点。我们可以直观地发现，当单位融资成本越低，表明金融中介越有效率，此时曲线 $r$ 就会越高，均衡的资本密集度（资本收入比率）就会越高。另外我们发现，当曲线 $W$ 向右移的时候，均衡的资本密集度也会提高。原因在于，金融体系通过专业化的金融工具，能够提供一种拥有财富的更适宜的形式，这种形式比资本的自我运用有更高的效率，因而财富拥有者就通过意愿资本收入比率的永久性移动来回应这种激励。在格利和肖的著作中，强调了金融中介的作用，金融中介可以通过风险分散和提供适宜的流动性资产比例，来满足财富所有者的需要，从而刺激储蓄率。有效的金融体系将以较低的单位融资成本来提供金融服务，以提高资本密集度。这样，随着金融体系效率的提高，财富收入比率、经济中的资本化程度以及总产出量都将得到提升。这是经济中不存在任何抑制性因素的情形，这个模型也同样说明了我们以前强调的金融中介的巨大作用。

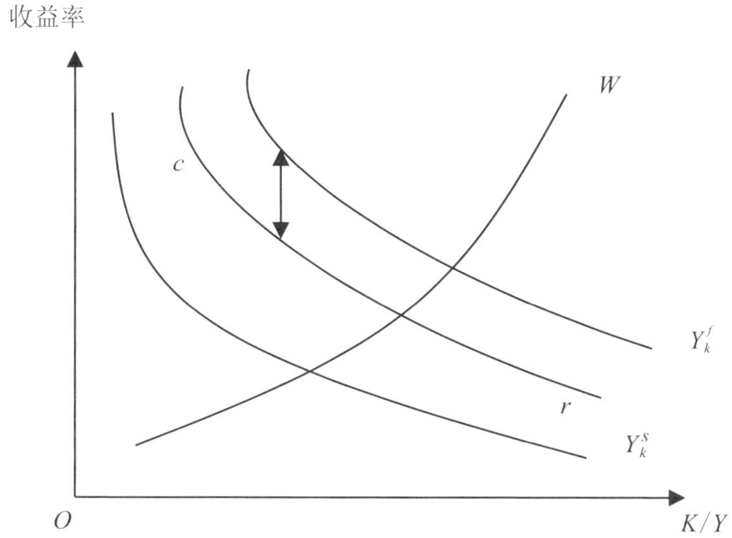


**图 5-1　自源融资与外源融资**

我们现在来接着讨论经济中存在着金融抑制的情形，特别是金融当局为贷款或者存款利率设置利率上限之后对经济和金融体系可能产生的后果。如图 5-2 所示，如果贷款利率的上限是 $R_1$，那么金融中介机构必须保证抵消其单位融资成本，所以它有能力支付的存款利率只能是 $R_2$，在这个存款利率水平上，金融机构将只能达到 $K/Y_1$ 的资本收入比率。由于金融中介必须为其资本收取 $R_1$ 的费用，因此公司对资本存在着过度需求。由于资本过度需求的存在，金融中介对资本的配给就成了一个必然的过程。如果在经济中可供投资的资本数量是 $K/Y_1$，而且其配置效率达到最高，那么它将达到相当于 $R_3$ 的边际资本产品，在这个水平之上，企业需要支付 $R_1$，企业将得到其中的差额。毫无疑问，这个差额使得企业会更加努力保证所获配给资本的安全性，因为只要其项目的边际生产力超过或等于 $R_1$，企业就会得到利润。贷款利率的上限不仅能降低资本化的程度，还有可能提高稀缺资源的错误配置。我们再来考虑存款利率上限的经济后果。假设当局设置的存款利率上限是 $R_2$，则金融机构只能达到的存款收入比率为 $K/Y_1$。如同刚才的情形，这样数量的资本被配置到企业，并且没有贷款利率上限，金融中介可以收取 $R_3$ 的费用，在弥补融资成本之后可以得到 $R_4$。因而金融机构可能得到相当于（$R_4-R_2$）的经济利润。这些剩余的处置可以采取多种形式。如果金融中介之间存在着竞争，这些剩余可能因为需求增长所带来的成本增加（如广告费用，过量的豪华银行建筑，或者通过一些辅助性的金融服务而支付给存款人）而被消耗掉。

总之，存款利率的上限造成的经济后果与贷款利率的上限造成的经济后果具有相似性，他们都会导致存款利率降低，资本密集度降低，金融体系萎缩，还会增大资本的边际产量和支付给财富所有者的实际存款利率之间的差额。

因而，由于存款利率没有将资本的稀缺程度准确地反映出来，在经济中就会出现一种资本化程度不足的情形。当 $Y$ 和 $W$ 曲线的交点所决定的收益率高于存款者在金融中介中所得到的收益，那么他们就有返到自源融资的激励。这样，金融中介在经济中的积极作用就被大大削弱了。

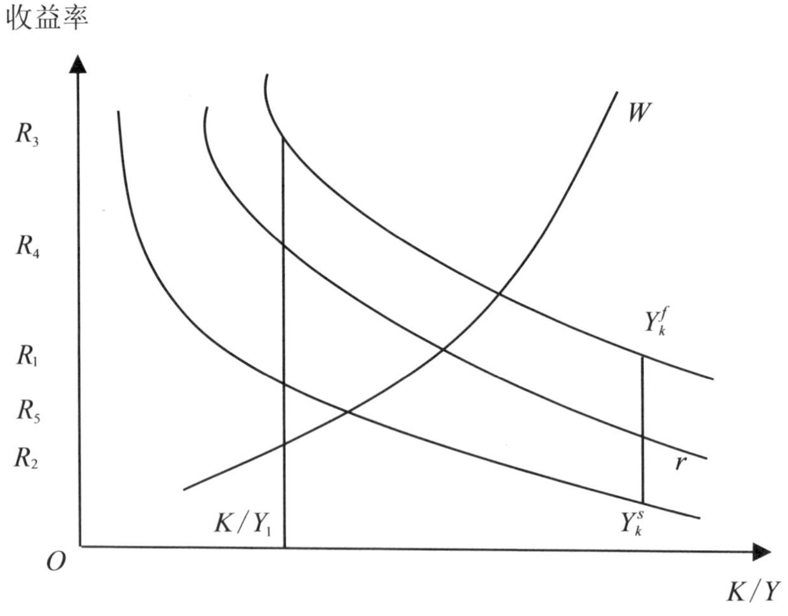


**图 5-2 设置利率上限的经济后果**

## 二、其他金融抑制政策的经济后果

金融体系中价格的管制是一种最根本的金融抑制工具，严格管制的利率和严格管制的汇率都造成了金融市场中价格信号的扭曲，金融体系中稀缺资源的真实供求情况不能通过这些扭曲的信息表达出来，导致资源配置的无效率。设置存款和贷款利率上限，使微观主体对于资本的需求欲望得到了刺激，同时也为政府以资金配给方式配置资源提供了合适的逻辑。大量存在的寻租行为，使得政府和受到抑制的金融部门以及资本需求旺盛的微观经济主体之间形成不规范的关系，政府的金融资源配给权利必然造成在资金配置上的政策性歧视。我们还要探讨汇率管制的经济绩效。汇率管制来源于发展中国家政府经济发展的实际需要。人为压低汇率，使得每单位本币可以兑换更多的外汇，从而节约进口机器设备的成本，以利于经济发展初期的赶超战略的实施。与汇率管制相联系的是，对于外汇兑换的严格限制和汇率制度的僵滞。发展中国家一般都对外汇的兑换实行严格的政府限制，一方面，外汇兑换限制使进口企业兑换外汇的成本增加了，另一方面，也降低了出口企业的收益并挫伤其扩大出口的积极性（其实人为压低汇率使本币升值的做法直接导致本国出口竞争力下降）。更为重要的是，在政府的外汇管制下，外汇的重要性日益显现，逐渐成为一种稀缺的资源，政府实行外汇配给制度利用的就是这种稀缺性，有些企业可以得到政府配给的外汇，而有些企业却得不到外汇配给，这种外汇配给上的歧视待遇不利于外贸企业之间的公平竞争，损失了经济效率。

金融体系的结构性抑制的消极经济后果也是非常严重的。结构性的金融抑制是和价格性的金融抑制相对应的一种抑制措施。受到历史因素和政府执行赶超战略的影响，发展中国家的直接融资市场往往非常弱小，为了方便对整个经济中资金的筹集和流动方向的控制，政府会有意识地对直接融资市场的发展进行限制。在有些国家，证券市场甚至被基本取消。在执行金融抑制的国家，间接融资的地位比较特殊。

政府的结构性金融抑制还表现在对于金融市场中金融工具的结构性管制上与对货币市场和资本市场比率的人为控制上。货币市场和资本市场的抑制，不但降低了资金的流动性，而且不利于政府的宏观经济调控，不利于企业微观效益的改善。政府的结构性金融抑制还表现在对于国外资本的进入限制上。发展中国家金融抑制的重要特征是金融市场的封闭性。金融市场的封闭虽然可以使国内金融体系的稳定性在短时间内得到保障，但是从长期来看，封闭的金融市场导致国内金融系统缺乏来自外部的竞争，还导致国内企业资金获得的成本上升。政府的结构性金融抑制还表现在严格的金融市场业务隔离上，即政府对银行业、证券业和保险业的经营范围和经营方式进行严格的限定，不同金融产业之间的业务区分非常严格，不能相互参与。这对于金融业的监管是非常有利的，但是在很大程度上抑制了各金融产业内资产组合的多样化，使各金融产业的风险分散机制遭到了破坏，难以发挥金融市场内部竞争机制的作用，使金融体系的总体效率受到了影响。

## 第三节　政策性金融与金融抑制

### 一、政策性金融的功能

政策性金融不仅是一种特殊的金融制度形式，还是一种特殊的资金融通行为。为了配合国家特定的经济与社会发展战略，实行政策性金融，它的融资主体是国家，它的基础是国家信用，在实行过程中会用到各种特殊的融资手段和融资渠道。在实际的研究中，研究者常常忽视以下两点：其一，对政策性金融经济绩效的研究；其二，对政策性金融经济绩效与金融抑制之间关系的研究。与其他资金融通形式一样，政策性金融也具有融资性和有偿性，除此之外，它还具有更为重要的特征，即政策性和优惠性。政策性金融是一种特殊的金融制度，它有两个服务对象：一个是国家特殊产业政策；另一个是社会发展目标。政策性金融具有积极的社会经济功能，它不仅存在于发展中国家和传统计划经济国家，在一些发达国家中也会涉及。从金融抑制的角度出发，由于政策性金融重视国家在资金配置中的主体作用，其可能在一定程度上抑制金融体系的市场功能。

#### （一）特殊经济和金融职能

政府将特殊经济和金融职能赋予了政策性金融，使政策性金融机构与一般金融中介机构划清了界限。除了按照政府要求对某些产业进行直接扶植和推动之外，政策性金融机构还具有诱导性功能，私人金融机构会以政策性金融机构的资金投放方向为模范，政策性金融机构在这个过程中发挥了一定的示范作用。例如，政策性金融机构可以投资一些高风险的新兴产业，这些新兴产业具有长远发展的意义，还可以将国家经济的发展方向暗示给私人金融机构，激发私人金融机构的投资意愿，从而推动新兴产业的发展。在选择金融服务对象的时候，政策性金融机构有可能产生一种反常的“逆选择”倾向，这是由其特殊地位决定的。反常的“逆选择”倾向是指，有些产业或地区在获取资金方面越困难，其获得政策性金融机构的贷款越容易。这不仅推动了农业等弱势产业的发展，还促进了偏僻地区的产业发展。

### （二）社会稳定功能

社会稳定功能是政策性金融的又一功能，政策性金融机构在国家出现破坏稳定的经济因素时有义务提供及时的资金协助，这些资金协助是以国家的要求为前提的。换句话说，政策性金融存在于包括日本、法国等发达国家在内的很多国家，政策性金融在广大发展中国家和传统的计划经济国家中更是普遍存在的。政策性金融是一种制度安排，它的出发点是“市场失败”假设，只有具备相当苛刻的条件和前提以后，政策性金融的职能和作用才能充分地发挥出来。如果难以满足这些条件和前提，就难以发挥政策性金融的积极作用，严重的可能造成金融抑制。通过研究分析发现，市场机制可以在很大程度上调节政策性金融所承担的功能，市场竞争机制和甄选机制的充分运用是政策性金融机构良好运转的秘诀。

## 二、政策性金融可能向金融抑制过渡

政策性金融在理论上是非常理想的，事实上，政策性金融的全部逻辑没有超越国家干预经济的一整套经济学理由。国家金融体系是由政府所建立的，它不以利润最大化为目标。政策性金融试图通过国家金融体系来对国家的产业政策和长远发展战略进行贯彻落实，对市场机制资金配置的缺陷进行弥补，这种缺陷主要体现在实现社会合理性目标方面，从而协调和统一资金配置的经济效益性和社会合理性。对政策性金融进行深入、全面的考察，主要包括其实施手段、特殊地位、约束条件等方面，我们会发现政策性金融具有较高的潜在风险和机会成本，不完善的内部激励机制和监督机制使政策性金融这种制度安排很容易损失资金配置效率，与社会合理性的目标产生根本性的差异。发展中国家或计划经济国家的国有金融机构具有国有金融机构全部机制扭曲的特征，政策性金融机构的行为方式与之趋同。政策性金融机构与政府行为之间的联系非常密切，从理论上说，对政策性金融机构的介入不能脱离政府行为，如果脱离政府行为，其决策和经营的独立性和自主性将难以得到保证。具有完善市场机制的国家可以通过市场机制来实现政策性金融机构的经济职能，政策性金融功能具有一定的可替代性。

政策性金融机构与政府之间的关系极为特殊，其资金主要来自政府。政策性金融机构不仅享受着各种政策优惠和利差补贴，同时还承担着巨大的风险，这都是由其特殊地位决定的。正因如此，政府的意志和愿望在政策性金融机构的目标函数中必然会有所体现，导致政府的目标函数与政策性金融机构的目标函数相互扭结，从而削弱了政策性金融机构的独立性。然而，政策性金融机构的生存和发展恰恰以其独立性为基本前提。政策性金融机构是由政府出资建立的，所以在实践中摆脱政府独立决策是相当困难的，这只是理论上的状态。

在发展中国家的经济中，政策性金融曾经扮演了重要的角色，肩负了重要的政府和社会功能，也在某种意义上获得过重大成功。夸大政策性金融的经济功能本身就具有危险性。必须严格限定政策性金融，使其处于狭窄的经济领域之中。国家对市场机制应当持鼓励的态度，通过一定的制度安排激励民间金融机构的投资发展，而不是运用政策性金融替代民间金融的作用。从其功能定位而言，政策性金融隐含着向金融抑制过渡的可能性，隐含着对金融市场真实价格的扭曲和干扰，隐含着对民间融资部门的抑制和进入障碍，也隐含着金融资源的配置无效率和更大的金融风险。发展中国家以及日本等发达国家政策性金融机构的教训值得吸取。

## 第四节　金融体系中的政府干预与金融体系的效率

### 一、金融成长的机制与政府干预

交换过程首先是一个以信用和担保为基础的加速交换手段流动性的过程。这让我们看到交易本身就产生了原始金融活动的事实。“使用价值让渡和价值的最终实现之间的分离的过程事实上正是一种典型的金融过程。”“没有货币，金融体系不可能起作用，因为货币的存在才使金融资产成为潜在的、能生息的购买力的一个必要条件。”

经济成长过程客观表现为孕育与需求货币的过程，这个过程同时就是金融孕育成长的过程。在市场经济内生的经济体中，源于经济主体追求财富的努力，经济成长表现为一个自强的过程。这个过程同时强化了经济成长中的结构性矛盾，暴露了“看不见的手”自发调控的缺陷与不足，要求与外在的“看得见的手”联手协调经济运行，促进经济健康发展。

在经济发展史上，最狭义的金融活动即银行活动，其早在亚当·斯密那里就被排除在“看不见的手”的范式之外，就说明金融活动一方面拓展了实际经济活动的空间与范围，另一方面强化了各个经济主体和经济活动各个环节之间的依存关系。同时金融活动自身的相对独立运转也为政府利用市场化手段调控经济活动，干预、引导、矫正微观经济主体分散决策提供了必要条件。随着金融因素的成长，政府将之演化为一种具有“多米诺骨牌效应”的市场失败的产物，强化了政府干预经济活动的现实作用。同时，信用关系把政府、企业、个人紧紧地联系在一起，形成紧张运转的有机体，只要国家在这个有机体上把握住必要的环节，赋予其具有特定意义的信号，就会引起一连串反应，达到宏观调控的目的。于是在此基础上，政府逐步介入经济运行过程，包括货币制度的建立、控制货币供给、对银行业的规制（监管）、对金融市场的干预等方面。

从萨伊的供求自动均衡到凯恩斯的产品市场均衡，发展到新古典综合的IS-LM模型的补充，乃至货币主义的出现。其中符合逻辑地显现出宏观调控思想的发展轨迹：少干预—财政政策干预—财政政策与货币政策协调配合—强调货币政策的干预作用。主流经济学发展的逻辑顺序也从一个侧面反映出，随着市场经济发展，在商品经济—货币经济—金融经济的深化过程中，加强宏观调控是经济持续、稳健、均衡增长的内在要求。事实上，在主流经济学发展的过程中，一些具有敏锐观察力的学者曾经捕捉到了金融结构的一些微变化对经济的影响，并指出金融活动影响着政府宏观调控的效果。罗沙将人们的注意力逐步转移到金融体系运行机制对金融政策实施效力的影响上来，格利和肖则强调必须同样重视银行以外的金融中介机构，并将银行和银行以外的金融中介机构都作为“金融调控”的对象，这样才能保证金融政策的有效性，托宾、斯柯特等学者推崇和采用了罗沙从流动性角度研究宏观调控效果的方法，并进一步把这种方法扩展到从金融资产的多样化角度来论证经济主体对之进行选择的原理，并开始注重金融市场对于宏观调控效力的影响，从而启发了我们从金融体系构成要素去考察宏观调控有效性的思路。

顺着货币、信用、金融历史的成长和发展过程，我们可以看到，在市场经济国家，一国金融成长是与该国现实经济流程有着密切的依存关系的。而且，在金融成长伊始，个别经济主体所起的作用是主要的。人们为了获取满足其欲望的东西，在不断努力的同时，在市场经济流程中逐渐培养起与其经济环境内层机制相适应的金融因素，客观上推动了经济发展过程中内生的金融激励、约束、创新的运行机制的形成。在历史与逻辑的考察中，我们解决了一种问题，又会面临另一种问题。分工和专业化形成的独立经济利益所决定的分散决策，使得供求在走进市场前的默契难以自觉地全面达成，在金融因素成长中进一步强化了这种矛盾。在此基础上政府开始逐步介入金融成长过程，运用各种金融机制引导各经济主体的努力方向。政府干预的加入意味着人类对自身社会的认识达到自由程度，自己掌握自己的社会命运。

在以货易货的条件下，产品总量与结构的均衡就意味着全部的均衡。但是在现代银行制度下，经济的均衡不仅仅是产品市场的总量与结构均衡。货币开始只是以商品交易媒介的身份出现的，其动机在于加快商品交换的发展速度，扩大商品流通量及其范围，从而促进经济的增长。这种初衷实际上就孕育着结构性矛盾。随着市场经济的演进，纸币本位取代了金本位，于是货币及其所相随的信用过程的发展，使得原本简单的实物经济增大了波动，于是干预、调整、补充或熨平经济增长的波动就成为必要手段。

随着货币关系的广泛发展，信用形式的出现不但解决了货币所有者之间货币余缺的矛盾，克服了货币循环在社会经济的不同经济主体之间货币收支单位所存在的时间与空间上的不平衡，使保持简单再生产的顺利进行成为可能；而且更重要的在于，信用成为加速货币积累的杠杆，为扩大再生产提供了重要条件，并且促使资源的市场化配置进一步跨越时空的限制，以借贷资金的形式调剂或动员货币资金实现财富与经济的增长。从这个意义上讲，信用活动成为市场经济中科学技术成果转化为经济资源的重要支撑力，促进了经济以技术增长为基础的实质性增长。因此，一个现代经济体是否能够健康运行，在一定程度上取决于该经济体中信用活动及其规则的存在、维护与健康发展。

总之，对于发达市场经济国家而言，其货币信用金融因素的成长经历了一个萌发、生成、扩展的过程，具有内生性。市场经济就是货币经济、信用经济、金融经济。那么，在市场经济条件下，宏观经济运行无论是处于宽松还是紧迫状况，都自然要求不同的经济调控方式与手段对之或强化或抑制。

## 二、政府管制与金融机构的效率

我们已经探讨了在发展中国家政策性金融与金融抑制的关系，现在我们进一步就金融体系中更为一般性的政府干预进行考察。发达国家金融体系中的政府干预起源于美国大萧条时代，其目的是维持金融体系的稳定性和偿还能力。在之后几十年中，这些对于金融市场中的正常竞争有阻碍作用的政府干预措施逐渐被取消，并在发达国家中掀起金融自由化浪潮。但是在广大的发展中国家，对金融体系的政府干预仍旧大量存在。政府干预大多试图通过影响金融体系中的信贷配置（价格性的干预和结构性的干预）来促进经济发展，结果却往往增加了金融体系中的交易成本并削弱了金融市场的总体效率。

在 20 世纪 80 年代，亚洲某些发展中国家对金融体系的政府干预曾经受到广泛的关注和积极的评价，在 1982 年《经济学家》杂志上，就发表了对于远东（亚洲）国家金融管制的看法："1945 年以来发展最快的发展中国家的政府，已经通过对金融体系的控制而将自己置于经济舞台的核心。储蓄总是根据国家的投资计划，被配置给那些指定的产业。"但是不幸的是，发展中国家对金融体系的政府管制往往是减缓而不是促进了经济发展，亚洲某些发展中国家在经济发展的某个阶段的成功并不具有普遍性，况且这些金融管制的案例在 20 世纪末期的亚洲金融危机中更成为许多经济学家指摘的口实。

许多发展中国家通过制定"信贷上限"来执行货币政策。所谓信贷上限，就是对银行所提供的贷款数量进行最高数额限制。多余的银行资金或者被用于偿付来自中央银行的贷款，或者用于更多的准备金，前者降低了经济中的现金基数，后者提高了准备金 / 存款比率。因而，较低的信贷上限会通过减少现金基数来降低货币供给，或者通过提高准备金 / 存款比率降低货币供给乘数，从而导致货币供给量降低。信贷上限通过两种途径降低了金融体系的效率。

第一，信贷上限对所有银行都构成一种平等的限制，即使是那些在贷款方面最有效率的银行以及那些拥有最高信誉客户的银行，也在限制之列。因此，不管银行信贷面临着什么样的"客户—市场"状况，信贷上限都对它们构成同等限制，从而构成一种不公平的资金配给标准。

第二，信贷上限通过破坏对于存款的竞争而降低了效率。一旦达到信贷上限，多余的存款就代表着无效的现金准备，因而银行就会停止吸引存款的努力，同时也会停止为现有存款者提供更好服务的努力。因为信贷上限的存在使银行丧失了竞争的激励，银行可能因此降低存款利率。信贷上限的总体效果是扩大了借款总成本和净收益之间的差额。实际上，信贷上限的存在削弱了金融中介的作用，而一些亚洲国家（如印度尼西亚和韩国）在 20 世纪 80 年代正是通过取消对于私人银行的直接信贷控制，从而提高了金融中介的效率。

总之，诸如过高的准备金要求、信贷控制、贷款利率上限等金融管制措施，增加了存款供给者的私人成本，使得存款供给的私人成本超过了社会成本，导致存款供给低于最优水平。在实际中，贷款和存款利率上限的主要福利成本不是来自对于存款供给的负面效果，而是来自对于储蓄者与投资者之间的金融中介的消极影响。

对金融中介机构的效率产生负面效果的还有加于中介机构身上的各种或明或暗的税收，这些税收没有适用于经济中的其他部门，所以是一种歧视性的税收。隐含的税收包括准备金要求以及被迫以低于市场水平的利率来提供贷款。比如，在 1983 年，阿根廷的平均准备金比率为 75%，而墨西哥的准备金比率为 58%，过高的准备金比率还成为牙买加金融体系中资金流动性和灵活性的重要障碍。以往的研究表明，对金融中介的歧视性税收以及准备金要求为金融体系提供了具有负面效果的保护，因而金融中介为了逃避这种歧视性税收，往往有向国外转移的内在激励。为了消除这种金融市场的人为扭曲，歧视性的税收（包括准备金要求税）必须取消，外国资本流入的准备金要求必须与国内金融机构一样高。在许多发展中国家，对金融中介的歧视性税收大大减少了可供银行谨慎贷款的资金，因而就降低了金融体系本身的灵活性和流动性。实际上，政府对金融体系的许多价格性和结构性的金融抑制措施都可以看作对金融部门征收的一种额外的歧视性的税。这些税收增加了金融部门的交易成本，降低了金融部门的资金配置的效率。

## 三、政府所有的金融机构和专业金融机构的效率分析

如果你要一个私人银行家概括其银行的基本经营目标，他会回答说，“主要是为我们的股东创造利润”。而如果你问一个公共部门金融机构的经营者同样的问题，他也许会回答，“主要是为了经济发展”。然而，不管是在发展中国家还是发达国家，把经济发展作为利润最大化副产品的私人银行往往比那些以经济发展为第一宗旨的政府所有的银行更能成功地促进经济发展，这似乎是一个有趣的悖论。政府所有的金融机构之所以在经营效率上逊于私人银行，关键在于政府所有的金融机构的特殊定位和特殊经营方式。私人银行具有更灵活的竞争机制，能够提供更具吸引力的薪金，在经营管理上更有优势。而政府所有的金融机构经常受到行政性和政治性的干预，被迫执行政府发展战略并接受政府指定的信贷项目，因此，在内部激励机制上难以与没有这些管制的私人金融机构相比。在计划经济国家，所有私人银行部门的私有化和所有外汇交易的政府垄断，是政府首要的经济目标。但是计划经济国家的政府对于国有化和垄断化过程中的技术困难以及严重的经济后果却没有足够的预见。

西欧国家带有社会主义性质的政府早期的银行体系国有化没有贯彻到底的重要原因在于技术上的巨大困难。挪威劳动党政府认识到，“整个国有化过程不论从法律、技术还是从政治的观点看都是异常复杂的，它要求建立一整套全新的银行法律，并在信贷管理、货币政策和信贷政策上建立全新的一套思维”。南斯拉夫政府的经验表明，要运作一个有效率的集权化的国有的银行体系是非常困难的，国有金融机构的主要失败原因在于其“经营管理特征和强烈的政府干预倾向”。因此，在1965年和1966年的改革中，南斯拉夫银行被给予更多的自主权利并担负着保证国内资源流动和有效配置的责任。在关于英国银行国

有化的辩论中，詹姆斯·罗伯特森指出，政府监管和许可制度之所以受到指责，很大程度上是因为由此产生的非竞争性的、没有责任感的银行系统。金融部门和其他产业部门的紧密联系并非必然是坏的，但是当这种紧密的联系与经济的高度垄断化结合的时候，金融部门就不可能有效地发挥其经济功能。

在发展中国家，国有商业银行和发展金融机构是非常普遍的，莫里斯曾经总结了印度国有金融系统存在的关键问题：一是金融机构的过度繁殖；二是发展金融机构的资源流动性低；三是由于冗员过多、银行内部失职、高风险部门贷款优先以及较低的资本化比率等原因，商业银行的利润率低；四是银行出于谨慎贷款的目的而导致其灵活性降低；五是在贷款过程中行政性要求提高；六是以经济标准衡量，金融机构配置信贷的范围趋于狭小；七是在较大的金融机构中高层管理者自主权利降低；八是专业人员的素质低；九是国有金融机构和发展金融机构的管理水平和监督水平低。

以上九个特征，在发展中国家的国有银行体系和发展金融机构中几乎是普遍存在的。在墨西哥、斯里兰卡、印度尼西亚等国，国有化之后的银行体系效率迅速下降，利润率非常低，银行雇员的素质差且渎职行为普遍存在。而且由于贷款给效益低的国有企业部门，银行体系的呆账迅速累积，国有银行体系和私人银行体系的不公平竞争，更使得整个金融体系的效率以及整个经济的福利水平降低。

专业金融机构类似于我们前面探讨的政策性金融机构。建立专业金融机构的理由是，在发展中国家，由于金融体系发展的滞后，一些基本的金融服务经常得不到满足，在这种情况下，如果能够通过官方的干预创造一些金融机构来提供这些服务，以满足私人的需求，应是合乎逻辑的解决办法。因而发展中国家建立了很多专业性的金融机构来适应经济主体对金融服务的需求。政府通过适当的法律限制，使这些专业金融机构的运作通常与竞争市场隔绝开来，甚至政府会给予这些机构以特殊补贴，这些做法通常以扶植幼稚产业部门作为辩护的理由。在许多发展中国家，专业化的金融机构随着经济发展的需要而不断建立，相应的法律架构也随之陆续建立，这些门类繁多的专业金融机构快速繁殖，使得完整的金融体系和信贷市场受到严重的分割和破坏。在专业性的金融机构之间经营领域界限分明，缺乏必要的竞争，其中介成本高昂，国内资金的流动性差，资源配置的效率很低。菲律宾从 20 世纪 40 年代以来由于经济发展和政府战略的需要而不断建立专业性的金融机构，如农业银行体系、菲律宾发展银行、国有棉纺业银行等，但是这些专业性金融机构并没有实现建立的初衷，却成为经济发展和金融效率提升的阻碍。专业性金融机构与商业银行的区别在于，商业银行不会贷款给风险过高的项目，然而专业性金融机构的建立本身就是为这些高风险的借款人提供贷款，但是它们又不能以高贷款利率来弥补其高风险。专业性金融部门本来就是为了支持经济中的问题部门而特别建立的，结果最后它们本身却成为问题部门。

# 第六章　金融发展与收入分配

进入 21 世纪以来，贫困及公平问题日益成为世界各国普遍关心的话题，有关金融发展改善收入分配及减缓贫困的研究就变得越来越重要，这一研究也成为国外金融发展理论的重要研究课题。本章分为金融发展与收入分配理论概述、金融发展改善收入分配的实证分析、金融发展改善收入分配的作用机制和金融发展与人力资本投资分析四个部分。

## 第一节　金融发展与收入分配理论概述

### 一、倒 U 关系理论

这个理论模型是在 1955 年由库兹涅茨提出来的，基本观点是经济增长和收入分配之间存在着倒 U 型关系，即经济增长在初期会加大人们之间的收入差距，但从长期来看，经济持续增长会逐渐缩小人们之间的收入差距。

格林伍德和约瓦诺维克提出的 C-J 模型，则是研究金融发展在改善收入分配和减缓贫困方面的影响。他们及以后从事金融发展、经济增长和收入分配研究的学者都受到这两个理论的影响，在这两个理论基础上进行研究。

#### （一）降低金融业的进入门槛

在增长和发展相关理论文献中两个重要的问题是经济增长和收入分配的关联、金融结构和经济发展的联系。格林伍德和约瓦诺维克在一个单一模型中提出了这两个问题。在其所建立的模型中，假定两个门槛财富水平 $K_1$ 和 $K_2$。

①初始财富 $> K_2$。这时候个人的最优选择是加入金融中介，以期获得较高的投资收益率和较低的储蓄率。

②初始财富 $< K_2$。这时候的个人没有加入金融中介的可能性，还会被金融中介排斥，投资收益率和最优储蓄率都处于较低的状态，财富积累的速度也明显降低。

③ $K_1$ <初始财富< $K_2$。这时候的个人依然不能加入金融中介，有较低的投资收益率和较高的储蓄率。

他们认为，增长和金融结构存在着关联：增长给金融结构的发展提供了必要的资金，而金融结构又为更高的增长做准备，因为投资会被更有效率地进行下去。模型的发展过程和现实因果观察一致。在发展的早期阶段，交易主要是非组织性的，增长缓慢的过程。随着收入水平上升，金融结构变得更广泛，经济增长更快，富人和穷人间的收入不平等差距扩大。在发展的成熟阶段，经济有充分发达的金融结构，收入分配逐渐稳定，而由于金融市场的参与成本是固定的，在这种情况下，经济增长率比其早期要高。随着金融不断发展，收入分配呈现出倒 U 型变化。从格林伍德和约瓦诺维克的研究结论来看，C-J 模型实际上可以看作库兹涅茨假说的一种扩展形式。

### （二）支持人力资本的投资

加洛尔和泽拉主要从人力资本投资的角度来研究金融发展和收入分配之间的关系。个人用于投资人力资本的投资成本是初始财富，初始财富多的人更能进行人力资本的投资，更加容易通过金融市场进行融资，获得较高的投资收益率；而初始财富少的个人没有资本投资人力资本，也不能进入金融市场，导致其只有较低的收入。初始财富分配对产出和投资水平在短期和长期均有重要影响。因此个人的初始财富决定了其在所从事劳动中的层次，也就决定了个人所能得到的工资高低和财富水平，也决定着个人的消费水平及留给后代的遗产。

然而，加洛尔和泽拉指出，随着经济及金融的发展，金融业的进入门槛将会逐步降低，而且一个经济体中产阶级的人口比例会随着经济的发展而逐步增大，这时更多的人（包括初始财富少的穷人）将有可能进入金融市场获得融资以进行人力资本的投资，这样初始财富少的穷人将能通过成为熟练劳动力从而获得较高的收入，这就会逐步减少该经济体的收入分配差距。在该模型中，金融发展与收入分配不平等也同样呈倒 U 型关系。

### （三）使更多的人获得金融服务

班纳吉和纽曼通过对全球各国不同职业结构下的人力资源分配（有的国家有大量的农民、手工艺人和小企业主，而有的国家却拥有大量的企业家和工业工人）、相似的宏观经济指标等现象的观察，发现在不同国家的职业结构、人们在职业道路上的发展路径、经济增长等方面都有明显的不同。为此，他们在金融市场不完善的假定下，分析了收入分配如何通过影响人们的职业选择而对经济增长产生影响。

他们建立了经济增长动态模型和静态模型，研究初始财富对于个人的职业选择（即个人在以下几种职业中进行选择：成为被雇用的普通工薪阶层、自我雇用、企业家）、财富分配、收入分配之间的相互作用。最终他们认为，初始财富决定了个人的职业选择，也决定了个人劳动的需求、收入分配、个人的储蓄量、可承受的风险等个人财富积累的方面。他们由此认为，收入分配通过影响储蓄、投资、风险等进而影响一个国家个人的职业选择、工资水平及国家的金融发展。可见，在他们的模型中，金融发展与收入分配不平等同样也呈倒U型关系。

**（四）降低贷款利率**

阿洪和博尔顿建立了一个金融发展和收入分配相互关系的理论模型，认为金融发展与收入分配之间的动态演化来源于金融市场的均衡发展、金融利率变动两个方面。在其模型中，随着金融的发展，富人的投资不断增加的同时，资本的边际生产率不断下降，富人们对于投资没有那么大的需求，他们将财富积累起来成为贷款人。由于富人的财富不断积累及越来越多的富人成为贷款人，导致金融利率下降，穷人们将以较低的利率获得贷款从而进行金融投资，穷人也有可能摆脱贫困，并进而缩小收入分配的差距。可见，金融发展与收入分配确实呈倒U型关系。这一过程也称为资本积累的涓滴效应。

**（五）提供机会给穷人**

马丁和胡尔姆认为穷人也需要金融服务，能帮助他们减少贫困，缩小收入分配的差距。通过研究穷人得到金融服务以后的变化等经验后，他们得出以下几点结论。

①金融服务也能为穷人提供“克服信贷约束”的帮助，平滑他们的消费并使得他们有能力进行人力资本投资。

②穷人的信贷偏好能够促使金融产品创新、刺激金融服务发展。

③设计良好的金融产品能够减少贫困。

总之，这些模型都说明，金融市场的不完善是导致持续的收入分配不均等、贫困陷阱以及低增长的主要因素，但随着金融的发展，特别是随着金融市场的不断完善，收入分配不均的状况将会随着经济的增长及金融的发展而逐步改善，金融发展与收入分配不平等呈倒U型关系。

**（六）融资权利的不平等**

在许多学者认为金融发展与收入分配不平等呈倒U型关系的同时，也有一些学者从金融方面探讨了导致收入分配差距扩大的原因。

莱宁、毛雷尔和哈珀都认为金融信贷服务应该延伸和扩展到大部分人之中，尤其是对于穷人和新成立的企业，而不应该仅仅是为富人和有政治背景的企业服务。金融政策的选择也能加剧收入分配的不平等。因此金融改革要创新金融服务的内容和服务对象，从而改善收入分配差距，保证有效配置资源。

有的学者则从家庭层面进行分析，他们发现，缺少金融服务的穷人往往越来越陷入贫困。

## 二、金融发展与收入分配的关系

### （一）金融发展有利于改善收入分配

加洛尔和泽拉构造了两部门跨时期模型、班纳吉和纽曼构建了三部门的经济模型，研究了财富分配、职业选择、宏观经济、收入分配和金融服务之间的关系。

穷人和富人的初始财富是个人进行人力资本投资的投资成本，在金融市场不完善、金融中介费用较高的情况下，富人相比较穷人更有能力达到这个投资门槛，更能获得金融服务包括金融信贷。在职业选择上富人有更大的权利选择收入水平相对较高的工作岗位，这样加大了穷人和富人之间的收入差距。

金融改革之后的发展，使金融信贷和金融服务市场逐步完善，穷人也可以获得金融服务，获得金融信贷，可以进入更高的人力资本市场，将会获得更高的收入，这时两级收入分化的形势会有好转。

### （二）金融发展作用于收入分配的渠道

20 世纪 90 年代以来，人们不仅关注金融如何提升生产效率，而且关注金融如何提升资源配置效率。为此，相关研究进一步分析了金融发展作用于收入分配的渠道，且基于一个假设前提——企业（或个人）拥有的初始财富不同。在不完备金融市场上，因拥有的初始财富不同，企业（或个人）在技术选择或新技术采用、创业、人力资本投资方面出现差异，能够实现的投融资规模也不同，从而导致收益上的差异。通常情况下，拥有初始财富越多的企业或个人，获得的收益越多，进一步扩大了收入差距。

### （三）金融发展扩大城乡差距

关注于发展中国家金融发展和经济发展的研究显示，国有银行和国有企业之间的紧密联系，导致发展中国家的金融资源集中在大城市，而金融机构的高度垄断及政府的不当干预则进一步扩大了地区间经济发展差距。当然，通货膨胀、汇率变动、金融发展也同样对收入分配产生深刻影响。

事实上，20世纪60年代以来，通货膨胀时常出现在世界经济发展过程中，如2008年达到5%以上水平。通货膨胀不仅成为经济健康发展的障碍，也影响收入分配格局。同时，随着经济全球化和一体化进一步深入，汇率对国内外商品的影响也越来越大，不仅影响企业（厂商）的成本和收益，也影响一国金融市场发展，最终也对收入分配产生影响。

**（四）金融发展扩大了收入差距**

持这种观点的学者认为，即使在金融市场不断发展完善的基础上，穷人由于没有有效担保品，因而依然不能获得金融信贷服务，富人依然可以从金融信贷中获得较大的投资收益，因此金融的发展还是扩大了穷人和富人之间的收入差距。

毛雷尔和哈珀等少量学者持有这种观点，他们认为在深化金融改革以及金融市场自由化的发展过程中，富人会利用自身的初始财富和强大的政治背景，获得更多的金融服务和金融信贷，随着金融的深化发展，富人们会不断地拓宽融资渠道，大量的财富还是会集中到富人的手中，依然不能改善穷人和富人之间的收入差距。

## 第二节　金融发展改善收入分配的实证分析

### 一、汤森和尚田的实证分析

在构建理论模型的基础上，研究金融发展与收入分配关系的学者们还进一步对金融发展与收入分配之间的关系进行了大量的实证分析。

一方面，汤森和尚田在格林伍德和约瓦诺维克的理论模型基础上进行简化和改进，在一个动态模型中讨论金融深化对收入分配的影响及金融深化与收入分配之间的动态演化路径。

另一方面，他们又根据泰国1976—1996年的相关数据进行数量模拟，校正了不同的市场参数对该理论模型的影响，由此证明了无限期随机动态规划增长模型的解的存在性和唯一性。他们认为，泰国严格限制人们自由进入金融体系的政策导致了福利的缺失及收入分配差距的扩大。这是因为，在严格限制人们自由进入金融体系的情况下，金融越发展，就越是只有利于少数人，因而会加剧收入分配的不平等。因此，汤森和尚田认为，只有实现以“金融自由化”为特征的金融发展，才有利于缩小收入分配的差距。

## 二、贾利利安和柯克帕特里克的实证分析

贾利利安和柯克帕特里克则采用了26个国家（其中包括18个发展中国家）的相关数据来检验金融发展与贫困减缓之间的关系。他们采用两次回归的方法分别检验了金融发展与经济增长的关系，以及在此基础上的金融发展对贫困减缓的影响。为此，他们选取国民生产总值的增长率和穷人收入增长率分别作为两个方程的因变量，以滞后国民生产总值的增长率、金融发展、小学入学率、贸易开放度、通货膨胀变化率、进出口总量与GDP的比值作为第一个回归方程的自变量，以GDP增长率、基尼系数变化率、通货膨胀率、政府消费支出、初始的每单位资本实际收入的对数值为第二个回归方程的自变量。他们的实证结果表明，在发展中国家，金融发展（以银行存款占GDP的比率以及国外净资产占GDP的比率来衡量）每增长1%，穷人的收入将增长0.4%。

## 三、霍尔登和伏尔加格勒的实证分析

霍尔登和伏尔加格勒的实证分析也认为，金融发展能够减缓贫困并改善收入分配状况，保持宏观经济的稳定是金融发展减缓贫困的一个必要条件，制度因素对金融发展与收入分配也有影响。

霍诺根则采用了中国、韩国、俄罗斯、英国的相关数据检验了金融发展、经济增长和贫困的关系，从而得出结论：金融深化不但可以刺激人均收入的提高，而且可以降低贫困比例，并减少收入分配的不平等现象。

## 四、吉内和汤森的实证分析

吉内和汤森利用泰国1976—1996年的家庭数据，包括财富、工资水平、金融交易额以及职业选择等，来模拟如果一个人能获得金融服务，那么其企业家精神、就业状况及工资水平等将如何变化，而这种变化又将导致经济增长如何变化以及收入分配状况如何变化等等。

吉内和汤森通过比较实际数据并进行数据模拟发现，泰国的金融自由化促进了泰国GDP的增长，但同时也导致了收入分配的不平等。但是，随着经济的发展，绝大多数居民的收入和福利水平都得到了提高。此外，他们还发现，从短期来看，随着经济及金融的发展，收入分配不平等的现象会增加，但从长期来看，收入分配不平等的现象将逐步减少。

## 五、珍妮和科波达的实证分析

珍妮和科波达则通过搜集发展中国家 1966—2000 年的数据样本，并建立回归模型来研究金融发展、金融不稳定性和收入分配的关系，其主要指标有贫困指标、人均 GDP、金融发展指标、金融不稳定性指标、通货膨胀率、未观察到的个别效应、误差项。他们得出的主要结论如下。

### （一）金融发展可以减少贫困

金融发展一方面可以直接通过麦金农的渠道效应（即提高利率一方面刺激储蓄并提高投资效率，另一方面又增加穷人的收益）以减少贫困，另一方面又可以间接通过促进经济发展以减少贫困。因此，麦金农的渠道效应是金融发展增加穷人的收入并减缓贫困的主要理论依据。

### （二）金融稳定避免伤害

金融发展往往伴随着金融的不稳定，而金融的不稳定对穷人的危害很大（因为穷人较富人更缺乏分散风险及抵御金融动荡的手段，而且，在经济波动过程中最先被解雇的也往往是缺乏技能的穷人），这部分抵消了金融发展的好处。为此，他们提出了在保持宏观经济稳定的前提下深化金融发展的政策建议，包括鼓励金融创新和发展微观金融。同时，必须防范金融危机，以避免金融危机对穷人造成伤害。

## 六、白克、德米尔格库特和莱文的实证分析

他们使用 99 个国家的 39 年（1960—1999 年）的跨国相关数据，采用最小二乘法、工具变量法，分析了这么多国家在金融改革发展和不断完善的过程中，人们的收入分配、穷人们的贫困减缓发展变化情况。最终发现，金融发展能够促进国家的经济增长，改善收入分配，从而降低该国的贫困程度。他们的实证分析还证明，在金融发展的过程中，经济发达国家的收入分配差距会明显小于经济落后的国家，金融发达国家减缓贫困的效率也会明显高于经济不发达的国家。

他们发现，金融发展提高了处于收入最低水平的20%人口的平均收入水平，从而缩小了收入分配的差距。这种收入分配差距的缩小大约 40%是由金融发展对人们收入增长的长期影响造成的，60%是由金融发展对整体经济增长的促进作用造成的。另外，金融发展还降低了每天消费水平在 1 美元以下的人口的比例。由此他们得出结论：一国金融发展的程度越高，消除绝对贫困人口的速度越快。

此外，他们的研究还发现，增加金融机构以及扩大金融机构的覆盖面也有利于缩小收入分配的差距。一个实例就是印度政府关于银行分支机构设立的条例对于收入分配的影响。在20世纪90年代以后，印度在进行金融自由化的改革过程中曾规定，商业银行如果要在有银行存在的地方设立新的分支机构，就必须首先在一个没有银行分支机构的地方设立4家分支机构后才能得到政府的批准。这一规定导致30000家新的村镇银行分支机构的设立，并导致以前没有银行分支机构的地方存款量和信贷量大幅上升，使该地区的基尼系数显著下降，同时富人家庭的收入也没有减少。

伯吉斯和潘德也曾研究过这一案例，他们发现，印度增加金融机构以及扩大金融机构覆盖面的做法导致产出及工资上升，从而有效地降低了贫困率并改善了收入分配。

## 七、其他实证分析

### （一）克拉克、徐和邹的实证分析

他们使用91个国家1960—1995年的面板数据检验了金融中介的发展和收入分配之间的关系。其实证结果是，随着金融中介的发展，收入分配的差距会显著缩小。实证结果表明，金融发展和收入不平等之间存在着显著的负相关关系，金融发展会显著降低国民的收入分配差距。

### （二）伯吉斯和潘德的实证分析

他们运用印度1977—1990年农村的相关数据，检验了农村金融发展对农业经济及农村贫困率的影响。在农村增加设立银行机构，将会在增加农业产出的同时降低农村的贫困率。这充分说明，金融发展能够有效地减缓贫困。

一些学者发现，在金融发展较好的国家，最贫穷的1/5人口的收入增长率比人均GDP的增长率更高。

还有学者发现，金融发展不仅能减少贫困，还能减少童工的使用。另有学者的实证分析表明，金融体系不发达的国家较之金融体系发达的国家收入分配更不平等。克莱森斯和费扬运用最新的证据表明，就个人福利而言，金融发展和金融准入能改善一国的不平等指数（如饥饿、健康不良、教育水平低和性别不平等）。

## 八、新兴市场经济体国家的实证分析

### （一）金融自由化扩大了收入不平等

通过对新兴市场经济体制 25 个国家 30 年（1980—2011 年）的数据进行实证分析，金融发展的指标大部分是正值，得出金融自由化发展能扩大收入分配不平等的结论。随着各国金融发展水平的不断提高，也扩大了一国居民收入分配的不平等。金融深化程度的提高更有利于那些拥有更多的保证金或者收入的富裕群体。最近这几十年新兴市场经济体国家的金融中介提供的金融服务，也减缓了各个国家的贫困情况，使得富裕的群体收获更多的投资收益。

### （二）来自中国的证据

通过采用来自中国市级层面和省级层面的数据，实证检验了金融发展对居民消费和经济增长的影响。

1. 金融发展对居民消费增长率起到了反向影响作用

通过运用 2001—2010 年 249 个城市的面板数据对金融发展与居民消费增长率之间的关系进行检验，衡量的标准是居民的存款、贷款和储蓄。发生反向作用的原因可能有如下几种。

①金融体系的不完善、效率低。

②不合理投放信贷资源。

③金融发展指标的构建并没有考虑外资银行、民间金融和金融发展的结构。

④金融消费效应转移到其他类型的消费。

⑤收入分配不平等。

因此我国金融发展水平的提高并没有促进居民消费增长率的增加，这也给未来的政府决策提供了新的参考依据。

2. 金融发展促进经济增长

通过对国内 30 个省市、7 年（2003—2010）经济数据的研究和实证分析，得出金融发展促进了中国经济的增长，这得益于金融发展的两种机制：国内研发的投入和国际技术溢出效应。其中通过进出口贸易获得的技术外溢效应较大，而通过国际直接投资和对外直接投资获得的技术外溢效应还未完全显现。

3. 信贷约束阻碍了外资对中国制造业企业的溢出效应

通过采用来自中国工业企业数据库的 40 多万家企业 2002—2007 年的非平衡面板数据，实证检验了外资的溢出效应以及信贷约束对外资溢出效应的影响。

研究结果表明：在同行业同省份内外资对国内的企业产生了正向的溢出效应。而且，外资的溢出效应对国有企业和非国有企业的正向溢出效应都很明显。同时，研究还发现信贷约束阻碍了外资对国内企业的溢出效应。

4. 不同的金融发展指标对城乡收入差距有不同的影响

存款与城乡收入差距的拟合图显示他们之间存在着倒U型曲线的关系。贷款和居民储蓄则与城乡收入差距呈现U型曲线的关系。这与传统的理论分析是不符的，但是也与一些相关的实证研究得出的观点类似。造成这种现象的原因很多，中国二元经济结构导致二元金融结构（农村和城市两种类似的金融结构），信贷服务居高不下的门槛等等因素的影响，都是造成这种现象的一些重要原因。

5. 其他因素对中国城乡收入差距的影响也很显著

城市化率、受教育水平以及对外开放程度的提高均显著地缩小了城乡收入差距。混合横截面分析、固定效应分析和动态面板分析均显示了这些因素的均等化城乡收入差距的作用，很多的国内学者也得到了类似的结论。因此，未来的相关政府决策，应大力推进我国的城镇化进程，加大对教育领域的投资，从而提高人民的生活水平。

## 第三节　金融发展改善收入分配的作用机制

### 一、发展小额信贷

#### （一）小额信贷的含义

世界银行扶贫协商小组（CGAP）将小额信贷定义为，为低收入家庭提供金融服务，包括贷款、储蓄、保险和汇款等多方面的金融服务。尽管小额信贷本身不能直接创造产出，但它能够使穷人更好地利用自己的人力资本和生产资本来创造产出及增加财富。除了信贷以外，穷人也可以利用储蓄和保险服务以应付突然的资金需求并平滑收入变化和意外开支的影响，从而改善其贫困状况。

在20世纪70年代，亚洲以及拉丁美洲的一些发展中国家就已经开始有了小额贷款项目的实验，但真正被世界公认的“小额信贷”的代表人物及项目是孟加拉国的尤纳斯教授及其孟加拉格莱珉银行。尤纳斯教授认为向穷人提供金融服务可以减缓甚至消除贫困、改善收入分配、改善人的精神面貌，促进穷人发展自我意识。由于他在为穷人提供金融服务方面取得的成就，2006年他获得了诺贝尔和平奖。

在这一基础上，学者们认为，小额信贷的含义应该包括两个方面。

①为大量低收入者提供金融服务。

②小额信贷机构不但能够长期生存，而且能够持续发展。

### （二）小额信贷实证分析

据估计，小额信贷在全球大约帮助了超过 5 亿的贫困和低收入人口。

乔纳森认为，小额信贷最大的成功在于开发了新的资源——贫困人口的生产潜力和社会资本，这证明贫困家庭也能成为可靠的银行客户，从而创造了与传统金融完全不同的一种新的信贷机制。

有学者系统分析了微型金融服务减缓贫困及改善收入分配的作用机制。微型金融服务大致可分为消费和家庭的风险管理及生产和投资两大类。这些金融服务对穷人可以起到双重的帮助作用，即既在贫困家庭面临收入波动时平滑其消费，又能增强其经济能力或创造收入的能力。

### （三）小额信贷的转型

值得关注的是，目前越来越多的学者认为，小额信贷的可持续性存在问题，因而需要转型。许多学者主张，小额信贷的下一个目标应该是探索出一种在商业上可持续发展的方式——盈利性的小额信贷。也就是说，金融发展如果要真正帮助穷人，就应该大力发展基于利润驱动、按市场原则运作，且不需要外部补贴的商业化小额信贷机构，而不只是大量发展需要持续的外部补贴的福利性小额信贷机构。其理由包括以下几方面。

①由于贷款额度小，借款人居住分散且收入较低，因此小额贷款的信用评估及管理成本非常高。一些小额信贷机构甚至不能根据成本来为其服务定价，结果许多小额信贷机构只能依靠补贴来维持其经营活动。

②如果对小额信贷机构给予补贴，则会使小额信贷机构失去动员储蓄、创新和降低成本的动力，因此高度依赖外部补贴的小额信贷是不可持续的。小额信贷的目标是要不断推广，持续扩大金融服务的覆盖面，而补贴无法持续支撑其不断发展。

③如果试图对贫困农户进行补贴以使其获得金融服务，则会扭曲价格，并会发出错误的市场信号，这就不利于实现资源的合理配置（补贴只能用来调节收入分配而不能用来指导资源配置）。这样，对贫困农户提供金融服务，反而会造成资源配置的不合理最终难以为穷人带来正的净效益。

### （四）对小额信贷的反思

阿林和江从一个更全面、更长期的视角对被称为“二十年来发展政策方面最重大的创新之一”的小额信贷问题进行了深入的研究和反思，从而提出了一系列引人深思的观点。

阿林和江首先承认小额信贷的积极效应，认为小额信贷能够减少贫困，即能够减少仅仅赚取维持生存水平收入的人的数量。因为小额信贷可以消除融资障碍，使一些维生者进入自我雇用者的行列。小额信贷也可以通过影响工资水平在更广泛的范围内减少贫困。具体来说，如果有足够多的家庭可以自我雇用的话，企业家必须支付与自我雇用相当的更高工资以吸引工人，从而可以潜在地提高人们的收入。

但是，阿林和江指出，小额信贷的大量发展有可能在长期上降低人均产出。这是因为，小额信贷主要支持那些能力较低因而收入较低或资本较少的借款人，进而为那些本来只能为工资或者维持生存而工作的人提供了自我雇用的选择机会，而没有支持能经营更大规模企业的企业家。而且，大多数小额信贷所资助的借款者使用不那么先进的技术。因此如果小额信贷长期持续地倾向于以低收入者为贷款对象，那么，在资源有限的情况下，它只是增加了低收入者自我雇用的机会，而不能为具有充分规模的、更有效率的企业提供资源，这就不利于资源的合理配置，并有可能减少最有效率的技术的使用，从而不能实现经济效率的不断提高。这意味着，大量的小额信贷在初期虽然可以暂时提高贫困者的收入，但在长期却可能会产生更多维持生存者、更少的企业家，从而导致更低的总收入和更大的贫困。因此，小额信贷并不是实现经济持续发展的有效方式。这意味着，小额信贷存在着公平—效率的两难抉择问题。

阿林和江还指出，对于小额信贷机构来说，通过增加客户的数量来实现规模经济并没有多大的成效。他们举出了冈萨雷斯对1000家机构所做的一个回归研究。该研究发现，当客户数量超过2000家以后，规模经济就不复存在。自此之后，收益的提高就只能从向现有客户提供更大规模的贷款额和更广泛的金融服务中来获得。

### （五）小额信贷的出路

那么，小额信贷的出路如何呢？阿林和江认为，出路在于小额信贷机构通过提供良好的金融服务，并充分发挥金融的功能，使小额信贷的借款者能够不断扩大经营规模，发展更大的事业，并由此而能采用更先进的技术，创造更多的利润，从而使更多的自我雇用者通过利润及人力资本的积累而“升级”为足以经营具有相当规模企业的企业家。在此基础上，提供小额信贷的机构应逐步发展成为商业性的金融机构。

越来越多的学者认为，向穷人提供持续金融服务的根本出路在于探索出一种在商业上可持续发展的小额信贷方式。具体来说，小额信贷在商业上可持续发展的含义包括以下几个方面。

①财务上的持续性。从市场的角度来看，小额信贷是一种借贷关系，而不应被视为一种单纯的扶贫措施。因此，小额信贷机构从事经营活动所获得的利润必须超过其经营成本，因而能够不依靠补贴和捐助生存下去。

②金融创新能力。金融创新能力是小额信贷机构持续发展的重要途径。金融创新包括多种金融工具的使用或配合使用，在金融产品方面则要求能够提供充分满足借款人需要并符合其特点的金融产品，以及能有效地降低操作成本和信贷风险等。成功的小额信贷机构能通过一系列的金融创新，持续地为穷人提供金融服务，并拓展市场。

③目标群体的持续选择。为保证小额信贷财务上的可持续性，小额信贷机构应该审慎地选择发放信贷的目标群体；小额信贷机构应该用小额信贷持续地支持还款能力较强的贫困人口，使其能首先脱贫致富。

## 二、利率市场化

目前，学术界的主流观点认为，利率的市场化有利于改善收入分配并降低贫困率， 也适用于为低收入者提供贷款的金融机构。金融利率过高或过低都不利于金融机构提供借贷服务，只有贷款利率适应市场化的操作，才能保证小额信贷机构持续向低收入者提供金融服务。同时也不会因为金融利率过低而导致金融机构无法承担运作成本甚至不得不退市，也就无法提供金融服务了。而且，低利率也降低了储蓄的收益，减少了低收入者的财产性收入，从而不利于人们摆脱贫困。

还有一点需要指出的是，在利率水平过低的情况下，谁获得贷款往往是凭关系或权力（这其实同样要花费用，而且这种费用不透明，难以预期，甚至有可能比透明的费用更高），最贫困、最需要贷款的人往往并不一定得到贷款（因最贫困的人往往是最没有关系的人）。这意味着，低利率可能只对利益集团有利，而对真正的穷人并不利。

## 三、建立普惠金融体系

德米尔格库特、白克和霍诺汉等试图用“金融宽化”“普惠金融”等新的概念取代小额信贷或微观金融的思想，以期能解决贫困问题，能改善收入分配的问题，还能提高社会效率和福利水平，在此思想的基础上建立一套普惠金融体系。此外，德米尔格库特、白克和霍诺汉等人提出“金融宽化”及“普惠金融”这一命题，实际上也试图不再将小额信贷或微观金融看成是金融体系之中一个特殊的，甚至可能被边缘化的部分，而将小额信贷或微观金融视为金融体系的一个正式组成部分，从而力图将正规金融与非正规金融融为一体。

德米尔格库特、白克和霍诺汉等还专门对“金融宽化”的概念进行了解释。

①为中小企业或具有企业家精神的人提供融资，促进新企业的创立和企业之间的竞争，形成良好的竞争机制。

②改善要素市场和产品市场的有效运行。

③让所有人都有享受金融服务的权利。

④对中产阶级要先进行资信评估，才能提供金融服务。

⑤积极引进外资银行。

⑥“金融宽化”“普惠金融”也意味着利率的市场化。

莱文指出建立为全民提供服务的金融体系能够起到增加社会福利的作用。

汉尼和詹森指出，普惠金融有利于促进金融业的稳定。此外，金融机构往往在地理上集中，距离也是一个重要因素，因为银行一般不会在贫困地区开设网点。因此，霍诺汉和白克提出，“普惠式”的金融体系应该是“分布式的体系结构”或“伞式体系结构”。

总之，越来越多的国外学者认为，通过不断降低金融服务的进入门槛，以实现“金融宽化”及建立“普惠金融”体系，从而使更多的人享有金融服务，将能逐步缩小收入分配差距。

## 四、取消金融管制

贾雅特和斯特拉汉研究了1970—1995年美国各州放松对银行设置州内分支机构的限制对各州经济增长率的影响。结果发现，由于美国大多数州放松了银行设立分支机构的限制，结果银行的贷款质量得以提升，金融中介的平均成本也得以减少，因而银行的效率也得以大大提高，但对各州当地的储蓄和投资却没有带来不利影响，因而促成了更高的增长率。

贾雅特和斯特拉汉的计量结果显示：相对于1.6%的各州平均年度增长率来说，对银行分支限制的放松能够解释至少0.5个百分点的年度增长率差异。

白克等人在设定了各州和年度固定效应以及众多因时间而改变的州特性后，对美国各州于20世纪80年代以后取消对银行开设分支机构管制的影响进行了实证分析。他们的研究也发现：取消对银行开设分支机构的管制减少了收入分配的不平等现象。他们认为，取消金融管制以后，不管是银行还是劳动市场，都得到了良性的发展，具体表现在以下几个方面：①银行的办事效率大大提高；②银行借贷成本也明显降低；③改善了劳动市场的运行状况；④没有伤害到富人的利益；⑤促进了经济主体之间的良性竞争。

### 五、保证金融的稳定

珍妮和科波达通过研究1966—2000年发展中国家的样本数据得到以下结论：金融发展有利于减缓贫困，即使金融机构不为贫困者提供贷款，其发展也有利于减缓贫困，因为金融机构会为人们提供盈利性的金融机会或投资机会。但金融发展过程中出现的不稳定却会阻碍贫困减缓，因为贫困者比富有者更脆弱，因此金融的不稳定会抵消金融发展减缓贫困的好处。在这一基础上，珍妮和科波达认为，任何会破坏金融稳定（如会引发通货膨胀的过多货币供给等）的政策都对减缓贫困不利。

比当古检验了巴西1980—1990年金融发展对收入不平等的影响，结果显示金融发展对改善收入差距有明显作用。但是，金融发展改善收入分配的机制并不是由于穷人能通过金融系统获得更多的信贷，而是由于在极其不稳定的宏观经济环境下，金融市场起到了避风港的作用，可以用来抵御高通胀和其他混乱的经济状况带来的风险。

## 第四节　金融发展与人力资本投资分析

### 一、“金融的内生增长模型”

格雷戈里奥通过将金融市场纳入“内在经济增长”的框架中，建立了一个“金融的内生增长模型”，分析了金融约束对人力资本投资和经济增长的影响。他认为，个人可以通过接受教育进行人力资本的投资，从而提高人的岗位技能，可以创造更多的经济收入。只要人们现在进行人力资本的投资能在未来获得更多的收入，则在年轻时承担相应的支出及机会成本进行人力资本积累是合算的。因此，在完善金融市场的情况下，人们可以通过金融信贷服务平衡收入与支出；而当金融市场不完善时，不利于进行人力资本投资，也不利于人们在未来获得更多的收入，因而不利于本国经济的长期有效增长。所以，金融发展水平从宏观来看，如果一国中每个人都能够充分发挥自己的比较优势，则该国就会在全球化过程中发挥自己的比较优势。

## 二、从劳动分工的角度分析

库利和史密斯从劳动分工的角度，分析金融市场发展对劳动分工、“边干边学”和企业家才能形成的作用。由于各个经济主体的能力大小及收支状况不同，有些人在年轻时选择劳动，这些人因在目前收入大于支出因而成为储蓄者，而那些年轻时选择接受教育的人或为进行投资活动而寻求外部资金的人（企业家）因支出大于收入而成为借款者。这时，储蓄者和借款者各自为了获得利益，相互之间就会进行借贷活动，在这种情况下，金融市场的存在就十分重要。

在金融市场存在的情况下，一部分人可在年轻时通过获得信贷支持而接受教育以进行人力资本的投资活动，一部分人则可以通过获得信贷进行投资而成为企业家，而另一部分人选择劳动并进行储蓄活动。这样，就不但会产生刺激经济增长的分工局面，而且会促进企业家才能的形成，进而有效地推动经济增长。而当金融市场不存在时，这种分工局面就难以出现，而且金融市场不完善也不利于企业家才能的形成，因而就不利于刺激经济增长。

## 三、从受教育的能力差异等方面分析

格雷戈里奥和金指出，发达的金融市场有利于人们根据自身的比较优势从事对自己最有利从而能给自己带来最大利益的经济活动。从促进人力资本的投资以刺激经济增长的角度来看，金融市场中的经济主体可以通过各种教育培训进行人力资本的投资和积累，也可以发挥各个经济主体的优势资源，从而为金融市场中的专业化分工创造人力资本条件。为此，他们从人的生命周期及人们受教育的能力差异等方面进行了分析。

格雷戈里奥和金认为，由于金融市场中的单个经济主体可以通过金融借贷来平滑自身的消费流，还可以选择接受教育以进行人力资本投资活动，或者选择直接从事劳动。可见，金融市场的出现，有利于实现教育和劳动的专业化分工，进而促进教育效率的提高及人力资本积累，从而最终有效地刺激经济增长。相反，当金融市场不完善时，经济主体不能进行融资，也不能将大部分的时间用于接受教育，这样就会减少经济主体自身的人力资本积累，也不利于金融市场的长期经济增长。

## 四、从其他方面分析

克雷布斯则从风险的角度，分析了保险市场发展对人力资本投资和物质资本投资及经济增长的影响。克雷布斯认为，人力资本投资具有不可予以保险的特殊性质，还可能遭受某种特殊冲击，产生人力资本存量的损失。这意味着，人力资本的投资风险大于物质资本的投资风险。但是，人力资本投资的预期回报率却高于物质资本投资的预期回报率。因此，通过大力发展保险市场以降低人力资本投资的风险，将有利于刺激经济体增加对人力资本的投资，从而提高投资的整体预期回报率，进而刺激经济增长。

# 第七章　金融发展中的金融监管

经济全球化促进金融发展进入快速阶段，对我国来说既是机会，又是挑战。想要保持金融业健康、稳定、可持续发展，一定离不开对金融业的监管。有关金融业的协调发展和监管问题需要进一步的研究。本章分为金融发展中的政府金融监管与法律框架，有效金融监管的首要条件、基本要求和基本经验，中国银行业监管框架及其争议，混业趋势与监管理念的变革，美国金融危机与监管的变革五部分。主要内容有监管的法理基础、有效金融监管的首要条件、银行业监管概述等。

## 第一节　金融发展中的政府金融监管与法律框架

### 一、监管的法理基础

#### （一）监管的价值正当性

社会分工使产品的生产群体和购买群体逐渐分离。不断积累的资本和经验让生产经营者的地位不断巩固和提高，与消费者身份差距逐渐拉大。消费者在交易活动中极易受到经营者的损害，所以需要对处于弱势地位的消费者的权益保护做出特别安排，即倾斜性保护。于是，在法律体系中，消费者权益保护的概念应运而生，围绕该概念建立起相应的法律制度。

金融商品与普通商品不同，明显的信息不对称和金融商品本身的专业性、复杂性决定了金融消费者在与金融机构交易过程中的弱势地位更为突出，尤其需要法律给予倾斜性保护。这种基于社会生活主体的自然及社会差别而予以的不同对待，体现了对弱者的救济思想，也体现出法律的公平与正义，反映了行为监管的价值正当性。

### （二）监管实现法的价值目标：秩序与效率

法律作为社会成员的行为规范，其重要目的就是“定纷止争”。金融行为监管的法律法规明确金融机构与金融消费者的权利和义务，协调金融机构与金融消费者、金融机构与金融机构之间的经济关系，有助于维护社会、经济和市场秩序。秩序是效率的必要前提，有效的行为监管能够提高资源配置效率，金融机构以及金融消费者双方交易主体均可以从中获得益处，进而促使经济健康发展。在维护社会公平正义的同时，金融行为监管法律体系的完善还可以实现法的价值目标：维护金融秩序，提高市场效率。

### （三）有法可依是加强社会主义法制的基本前提

2014 年 10 月，党的十八届四中全会通过了《中共中央关于全面推进依法治国若干重大问题的决定》。该决定提出：“全面推进依法治国，总目标是建设中国特色社会主义法治体系，建设社会主义法治国家。”这既表明依法治国将成为党和国家未来工作的重点，也体现了“依法治国”战略方针的重要性、紧迫性。目前，我国在金融消费者权益保护方面缺乏专门立法，尽管金融监管机构出台了一系列部门规章和规范性文件，对金融消费者权益保护做出了相对具体的规定，但在诉讼时没有可以直接援引的内容，不能直接作为依据，增大了金融消费者权益保护及其权益受损时维权的难度。

对金融行为监管和金融消费者权益保护进行专门立法，明确监管主体权责，制订金融机构行为标准，将提高金融机构规避监管的成本，降低金融机构规避监管的预期净收益，减少监管套利情况的发生。明确金融机构和金融消费者的权利和义务，也有利于减少侵害金融消费者权益的行为出现。

## 二、监管的法律法规框架

### （一）监管的法律法规归属于经济法

我国的法律体系框架可分为宪法及宪法相关法、民商法、行政法、经济法、社会法、刑法、诉讼与非诉讼程序法 7 个主要的法的部门。

有观点认为，我们已有全面调整社会主义市场经济关系的民法和经济法两大法的部门，没有必要形成独立的商法部门。而从规范性文件意义上讲的“商法”，有些学者认为包括公司、票据、保险、海商等方面的规范性文件。这种意义上的商法，被认为是民法中的一种特殊法，调整对象为平等主体之间的商事关系。民法的规定都能用于商法，商法中有特别规定的要优先适用商法，但商法的内容不能用于民法。就所谓“商法”的内容而言，可分为市场交易关系和经济管理关系，调整上述市场交易关系的法律规范，实质上是民事法律规范，应该将其归入民法部门；调整上述经济管理关系的法律规范，实质上是经济法律规范，应该将其归入经济法部门。民法和经济法的调整对象不同，民法调整的对象是民事关系，即作为平等主体的自然人之间、法人之间、其他组织之间，以及他们相互之间发生的财产关系和人身关系；经济法的调整对象是经济法所干预、管理和调控的具有社会公共性的经济关系，而非人身关系。

金融行为监管是一种经济管理关系，考虑到金融机构和金融消费者之间存在着地位上的不平等，他们并非简单的市场交易关系，故不宜由民法调整。另外，行政法的调整对象为行政管理关系，而不是经济管理关系。因而，金融监管的相关法律法规应归入经济法之中。

### （二）行为监管法律法规体系构建

金融行为监管是一种经济管理关系，其相关法律法规应归入经济法中。其法律体系构建应包含三大板块。

#### 1. 金融消费者权益保护法律制度

前文阐明金融消费者是消费者概念在金融领域的延伸，金融消费者属于我国消费者主体中的一类特殊群体。由全国人大常委会修订并于 2014 年 3 月 15 日正式实施的《消费者权益保护法》仍未提及金融消费者概念，因而制定专门的金融消费者权益保护法，即专门立法保护模式，再辅以相关的政策法规是符合我国当前国情的最佳选择。

#### 2. 关于金融监管对象的金融服务法

现有审慎监管领域按照不同机构来划分监管对象，在行为监管领域则应按照经营业务的性质来划分监管对象。这样既能补充审慎监管的不足之处，也有利于发挥行为监管跨产品、跨机构、跨市场的协调功能。

#### 3. 关于金融监管主体的组织法

目前，我国“一委一行两会一局”（即国务院金融稳定发展委员会、中国人民银行、证监会、银保监会、外汇局）内部均设立了独立的金融消费者保护部门。制定金融行为监管组织法的目的在于明确行为监管主体的权责职能，厘清监管主体的权力边界，通过中央对地方行为监管的配合，提高监管的专业性、有效性。

## 第二节　有效金融监管的首要条件、基本要求和基本经验

### 一、有效金融监管的首要条件

#### （一）及时准确的信息

监管当局很难发现银行、证券公司、储蓄以及贷款协会或者保险公司真实的金融余额。然而监管当局需要及时、精确的信息，金融数据被遮掩起来，不仅不利于有效监管的准确实施，也不利于市场纪律的规范进行。

在银行业中，由国际会计标准委员会制定的会计标准尚未广泛得到官方的认可，这就给国际金融体系带来了巨大的风险。监管当局的一个主要任务就是引入并实施国际公认的会计标准，一旦缺少这样的标准，将无法对国际市场上系统性风险进行评估。

#### （二）规范的准入制度

只有当金融机构合格时，金融机构和个人才能获得许可，融入金融市场中来，这些金融机构和个人具有独立的管理能力，并达到了审慎监管所需的财务标准。如果金融机构和个人不能达到相应的标准，监管当局有权收回其从业许可证。

#### （三）严格有效的监管

监管并不仅仅包括制定金融机构运营的政策，其还是一项需要耗费脑力的活动。为了评估金融体系所面临的风险结构动态，监管当局要了解金融市场的最新进展趋势。而且，监管当局应比一般的市场参与者更加熟知一些私密数据资源，掌握更广泛和更精确的信息，才能使其决策更容易被市场参与者所接受，强化其决策的合法性。

#### （四）保持紧密的联系

监管当局应与被监管的金融机构保持不断联系，为其提供指导并形成融洽的关系。监管当局在与被监管金融机构建立良好关系的同时，还要不间断地加强信息交流，彼此提供建议、观点。这势必会比制定政策所体现出来的效果更为突出。

#### （五）执行监管纪律和准则

纪律执行处理的手段种类繁多，一般从口头的责备批评到采取法律上的行

动，方法各异。在金融环境变化莫测的今天，监管当局要立足于根本，为了支持行业的发展，纪律的执行程序应该清楚明了，并且具有灵活性和迅速果断性，这一点也是尤为重要的。

执行监管纪律也应该包括有权力去重组违法的或者是濒临倒闭的金融机构。管理系统性风险的最好办法是对机构进行重组，更换其管理层，而不是将其关闭。如果将金融机构清盘处理是唯一的选择，监管当局就应该有权力去制定可信赖的退出政策，用一种有序的方式来掌控有可能引发的混乱局面。

### （六）统一的政策应对职能

金融市场的一个基本特征就是永远处于动态的变化的环境内，金融自由化的发展速度是惊人的。随着市场结构和活动的变化，风险也会发生转变。在这种市场变化速度捉摸不定的情况下，监管当局总是不能完全实时地将市场动态展示出来，这也是不可避免的，最重要一点是这期间的差距并没有逐渐扩大。

### （七）反复评估以及不断完善

对系统性风险进行有效监管需要的是充分的信息、合理的授权、严格的把控、精确的指导、规范的市场纪律和可依赖的政策。政策必须起主导的作用，应该是灵活反映市场要求并能得到所监管行业的尊重，这也正是现在的金融监管要完成的任务。如果政策不能满足前面所说的目标，金融监管的作用将会大打折扣。对风险进行有效的管理要求对风险的规模、结构以及起源都有一个明确的辨识，并且需要引入风险管理的控制方法和规范标准。掌控风险的原则是加强控制和提高资本金。

从现代金融市场的本质来说，资本并不能完全替代对风险的有效管理。对于一定数量的投资组合，公司务必要对金融机构资本提出一些要求。然而，正常情况下，正是没有注意到的细微数量的风险最终致使公司的失败。面对一个风险管理较成功的公司，资本金的要求就会很低。公司如果风险管理不当，提出再高的资本要求也无济于事，因为资本从来都不是足够的。在面对新兴金融产品时，金融机构和监管当局都把注意力集中到资本化的范畴上来，这势必会引起误导，这个问题应该通过风险管理的职能来解决。

### （八）准确认识风险结构和起源

在社会经济不断发展的今天，相对不变的固定规则和原则将很快会过时。尽管从整个社会的观点来看，风险并没有最准确的评价。这为监管指明了一个方向——应该将精力集中于系统性风险的核心和不断制定完备的监管政策。有效的风险管理职能要求金融机构承担自身失败的责任。因此，风险管理必须以事先预定好的条理清晰的破产条款作为补充，同时要求制定保护投资者财产的规则。

在与时俱进的金融市场上，监管者应该趋于市场，对审慎监管和监管成本之间的关系有较为清晰的了解。监管者应具有灵活的举止，并乐于认真考虑公司提出的创新方案。这就是为什么要基于风险管理原则而不是基于事先设定好的规则来设定政策监管框架。不仅这些规则不能应对每一个有可能发生的事件，而且被束缚的规则和基于某项产品而制定的规则也因为缺少灵活性，而不能适应新产品的需要，这是显而易见的道理。为了获得健康的、具有创新精神的市场，需以一个清晰的原则为基础，对市场的变化做出迅速的反应是非常重要的。因此，金融监管者的首要任务是研究制定新型战略方针。

## 二、有效金融监管的基本要求

第一，切实提高市场对金融机构运营的约束能力，而不是人为地替代或扭曲市场的作用。

第二，有效金融监管是为了对市场缺陷发挥积极的补充性作用，这就需要有关监管机构主动采取合理的措施。

第三，任何监管措施都不能影响和抑制金融机构业务的正常开展和金融创新活动的深入进行，要实行适度监管。

第四，由于金融市场处于不断动态变化中，所以金融监管方式也应该做出适当调整，以实施动态的监管。

第五，有效的金融监管并不是全能的，监管本身也绝对不能保证不会出现金融机构的破产或倒闭的现象，在缺乏稳健的宏观经济政策调控的情况下，金融监管机构也是很难达到目的的。

## 三、有效金融监管的基本经验

长期以来，各国监管当局为了紧跟市场变化的脚步，已经逐渐积累了丰富的监管经验。这些经验衍变成法令或规则，在日益变化的金融环境中得以应用。但监管本身是有成本的，而且过于苛刻的监管会阻碍市场创新，降低市场效率。为了达到目标，监管者需要有丰富的监管专业知识和灵活的技巧。此外，对系统性风险进行金融风险与金融监管研究，使之得到有效管理，这不仅仅是政府的利益所在，而且是市场参与者的根本利益所在。监管当局不应该忽视这一事实，金融机构的实际工作者应参与公共监管政策的设计与实施。

# 第三节　中国银行业监管框架及其争议

## 一、银行业监管概述

### （一）银行业监管的内涵

银行业监管是国家金融监管体系的重要组成部分，指的是对银行等金融机构的设立、经营活动及退出所进行的监督、管理行为，有狭义和广义两种解释。从狭义上来讲，银行业监管就是指外部监管，是一种以国家有关机关作为主导，从外部实施的一系列官方行为。它包括对银行业实施的法律、法规和各种原则，以及代表政府进行银行业监管的机构所实施的各种检查、监督、管理、规制和各种处罚等相关活动。从广义上来讲，银行业监管是一个整体的系统性框架，除狭义银行业监管的内容以外，还包括银行业金融机构的内部监管或自律监管。

### （二）我国银行业监管演变

从 1983 年开始，我国银行业监管的演变如表 7-1 所示。

**表 7-1　我国银行业监管的演变**

| 时期 | 时间 | 标志性事件 |
|---|---|---|
| 初步确立阶段 | 1983 年 9 月 | 国务院颁布《关于中国人民银行专门行使中央银行职能的决定》，明确中国人民银行（简称央行）专门履行中央银行职能 |
| | 1984 年 1 月 | 中国工商银行成立，标志着以中国人民银行为中心、四大专业银行为主体的二元银行体系初步建立 |
| 探索改革阶段 | 1992 年 10 月 | 国务院证券委员会和中国证券监督管理委员会（简称证监会）宣告成立，我国分业监管体制开始形成 |
| | 1995 年 3 月 | 在《中华人民共和国中国人民银行法》中，我国第一次以国家立法的形式明确了金融监管的主体——中国人民银行，我国银行业监管开始走上依法监管的轨道 |
| | 1998 年 11 月 | 中国保险监督管理委员会（简称保监会）成立，分业监管体制不断推进 |

续 表

| 时期 | 时间 | 标志性事件 |
| --- | --- | --- |
| 完善发展阶段 | 2003 年 4 月 | 中国银行业监督管理委员会（简称银监会）挂牌，“一行三会”的监管体制正式形成 |
| | 2013 年 8 月 | 国务院批复建立由中国人民银行牵头，银监会、证监会、保监会和国家外汇管理局参加的金融监管协调部际联席会议制度，承担金融监管协调日常工作 |
| | 2018 年 3 月 | 中国银行保险监督管理委员会（简称银保监会）成立，对银行业和保险业进行统一监管 |

## 二、银行业监管的必要性

### （一）银行业的公共产品特征

银行业的公共产品特征对于银行业监管是十分重要的。银行体系的稳定高效对于客户是非常重要的。银行业具有公共产品的特征，即一位客户享受银行业的服务并不影响其他客户享受该服务。因此，一个银行的风险经营将导致银行挤兑事件等个体理性行为，从而进一步引起集体非理性行为，导致该公共产品的供给匮乏，因而需要监管部门对银行业进行审慎监管。

### （二）银行业的不完全竞争

近年来随着经济全球化的不断深入，银行业不但受到来自本国金融系统的冲击，来自其他国家的影响也在慢慢加深。银行业的不完全竞争体现在以下两个方面。

1. 恶性竞争

由于各国监管部门对银行业的监管方式以及所制定的法律法规不同，且不同经济发展程度的国家之间在对银行业的各项要求上有显著的差异，从而导致各国在国际市场竞争中不公平现象的发生。另外，有些银行为了实现利润最大化，追求规模经济，过于强调不断扩张、扩大市场份额；银行高级管理人员利用内部消息采取不正当的手段谋取利益；各个银行间在政策、纳税、经营等方面，存在不公平竞争的现象。诸如此类的恶性竞争不仅会造成银行业的秩序混乱，也将影响金融市场的健康发展。

2. 自然垄断

银行业存在规模经济，因此银行会通过各种方式扩张（如设立分行、兼并等）

以获得更多的市场份额，那么其他银行进入银行系统的可能性将会降低，即形成自然垄断。并且企业通常会与某一特定的银行保持长期的合作关系，这将导致其他银行无利可图从而逐渐退出市场，形成该银行的垄断地位。自然垄断虽会使垄断银行获得超额利润，但会造成整个社会福利的损失，因此应防止银行业的垄断倾向，造成一家独大的情形，应对其进行必要的监管。

## 三、银行业监管框架

### （一）监管目标

实施有效监管是对商业银行风险进行控制的重要途径，也是监管当局审慎监管的重要保证，这就需要正确的监管手段与方式，它们能够保证监管当局了解准确的监管方面的信息。

对商业银行进行监管的首要问题就是确定监管目标。我国商业银行监管的目标是促进银行业的合法稳健运行，保证银行业的健康经营和发展，并维护公众对银行业的信心，保护存款人的利益。这样的监管目标与巴塞尔银行监管委员会《有效银行监管的核心原则》对监管目标的建议是完全相符的，与现代商业银行的监管目标也是一致的。

### （二）监管主体

金融监管当局，也称为监管者，是依法对金融业实施监督与管理的政府机构，是金融业监督和管理的主体。金融监管是政府行为，它的目的是维护公众对金融体系的信心，控制金融体系风险，提升金融系统运作效率，为国民经济和社会发展创造一个稳定的金融环境。作为政府组织机构体系的一个构成部分，金融监管当局具有权威性、独立性和公共性等特征。不同的金融监管机构和组成由不同的金融监管体制所决定。金融监管体制实质上是金融监管权力在分配模式上的一种制度安排。这种制度安排大体可分为分权和集权两种模式：分权是指将金融监管的权力在不同的政府机构之间进行横向的配置；集权是指将金融监管的权力在政府某一部门机构内纵向分配，形成单一的金融监管体系，但各国的银行监管的主体有所差异，有的国家由中央银行行使此职权，有的国家则由单独设立的政府部门行使此职权。分权监管体制下的各监管主体之间是平等的关系，而并不是隶属关系。

### （三）监管内容

商业银行的监管内容由商业银行的监管目标来决定。根据《有效银行监管的核心原则》以及各国监管不同的实际情况，商业银行的监管内容大致包括市场准入监管、银行业务监管和市场退出监管三个方面。

1. 市场准入监管

市场准入监管指的是对新设立的商业银行监管，包括合并和增设分支机构的登记、审批等。市场准入监管关系到一个国家的银行数量是否适度，是否会给社会经济生活带来消极影响等。市场准入监管是对商业银行进行监管的第一道关卡。一个合理的市场准入制度除了能够保证银行较好的品质以外，还能够保持比较合理的银行数量，以此来防止银行集中于少数集团而带来的不正当竞争。

2. 银行业务监管

以安全和稳健为目标来监控银行经营业务的全过程就是银行日常审慎监管。商业银行在日常经营中不可避免地要面临风险，其中包括市场风险、利率风险、操作风险、法律风险、流动性风险和声誉风险等。在这些名目众多的风险之中，有些风险是宏观经济环境的变化所导致的，有些风险则是商业银行本身不能控制的因素所引起的，但大部分风险都是商业银行为追逐高额利润或疏于防范而导致的，我们可以从以往的银行倒闭事件中很清楚地看到这个明显的特点。为了防患于未然，对银行日常经营的审慎监管就尤为必要。

3. 市场退出监管

监管本身不能绝对保证不出现银行倒闭现象，当出现银行破产倒闭现象的时候，将会不可避免地给整个银行甚至金融体系带来影响。怎样才能通过采取正确的措施将这种影响降到最低的程度是商业银行监管的一个重要方面。其主要内容包括多个方面：对问题银行采取贷款挽救、担保、并购等措施；应对正常或基本正常的金融机构采取保护性措施，包括进一步加强和完善某一业务领域的风险控制，进一步改善和优化业务结构及资产负债结构，保持资本充足率和流动性等；对有问题机构要及时采取救助性监管措施，这些措施的内容包含调整决策层和管理层、进行外部注资、实施资产和债务重组、冻结大额开支和股息、分配红利、股东增资、变现资产、停止部分业务、实施兼并与合并等；当严重的支付危机已经发生的时候，难以救助或者救助宣告失败，如果不及时退出就会遭受更大损失，而且很有可能波及其他金融机构，进而引起金融风险，就要及时采取市场退出的处置措施。

## 四、当前关于银行业监管的几大争论

### （一）以解决什么问题为导向

问题导向是改革的基本方法论，也是金融监管体制改革要坚持的基本原则。不过，应以何种问题为导向，目前仍存在争论。

一种观点认为，随着综合化经营、交叉性金融的快速发展，潜在金融风险不断累积，混业经营与分业监管的矛盾越发凸显，应将解决两者之间的矛盾作为金融监管体制改革的出发点。

另一种观点则认为，改革既要考虑当前金融监管体制存在的混业经营与分业监管之间的矛盾，还要有利于宏观审慎政策框架的构建和完善。若不能在监管体制改革的过程中构建和完善宏观审慎框架，便难以确保金融稳定。因此，金融监管体制改革不应仅简单讨论监管部门的合并与否，还应考虑如何构建一个宏观审慎框架。

### （二）宏观审慎管理环节是否集中于宏观部门

宏观审慎管理通常包括形势判断、政策制定和政策执行三个环节。针对这三个环节是否需要集中于宏观部门，存在不同的观点。

一种观点认为，需要集中于宏观部门。一方面，宏观部门具有进行形势判断的能力，而其他部门缺乏这种能力。另一方面，分散可能会导致形势判断、政策制定与政策执行的不协调，不利于进行有效的宏观审慎管理。

另一种观点认为，不需要集中于宏观部门。虽然宏观部门具有形势判断的优势，但并不一定具有政策执行的优势。此外，从治理的视角看，政策制定和政策执行之间的分离并不一定会损害宏观审慎管理的有效性。

### （三）宏观部门具体指央行还是财政部

无论宏观审慎管理的三个环节是否集中于宏观部门，宏观部门都是宏观审慎管理必不可少的组成部分。关于宏观部门具体指哪个部门或哪些部门，存在不同观点。

一种观点认为，宏观审慎管理意义上的宏观部门就是指央行。与其他金融监管部门相比，央行履行最后贷款人职能，对整个金融体系的稳定负责，具有宏观视野。同时，央行货币政策正是宏观管理的主要工具之一，具有宏观形势判断的经验和能力。

另一种观点则认为，宏观审慎管理意义上的宏观部门还包括财政部。一方面，在不少经济体的宏观审慎管理框架中，财政部占据重要位置。另一方面，财政部是最后“兜底人”，也关注金融体系的稳定。因此，在宏观审慎框架中，财政部也应占据一席之地。

**（四）货币政策与金融监管是否需要分离**

货币政策与金融监管是金融稳定政策的重要组成部分，但对两项职能是否可以分离并分属于央行和监管当局，存在不同的观点。

一种观点认为，两者需要分离，这也正是上一轮金融监管体制改革的逻辑起点。一是因为货币政策与监管政策之间存在利益冲突，如对商业银行利益的关注有可能影响货币政策的制定和实施；二是因为如果两者合一，机构的职能将更加复杂，难以进行绩效评估。

另一种观点认为，两者不需要分离。因为在货币政策与监管政策协调不力的情况下，两者的分离会催生大量的金融风险。而且，货币政策当局与监管当局分离可能带来的问题可以通过提高央行政策透明度和完善治理的方式来解决。因此，货币政策当局可以具备主要的金融监管职能。

**（五）金融乱象存在的原因**

金融监管体制改革之所以成为时下讨论的热点，直接原因是近年来存在的金融乱象，特别是 2015 年上半年股市泡沫的产生、破灭及救市不力。不过，关于金融乱象的原因存在不同观点。

一种观点认为，原因在于协调不力。比如，在货币政策边际放松的情况下，与股市相关的监管政策应着力于降低杠杆率，如提高融资融券门槛，以限制货币政策放松对股市的影响。又比如，大量银行资金进入股市、证券监管部门清理场外杠杆不力，都与协调不力息息相关。因此，金融监管体制改革的重点在于做实协调机制。

另一种观点认为，原因在于专业性不够。比如，融资融券的相关政策设计得不合理；又比如，面对 HOMS 系统的“阅后即焚”功能，监管部门原有的非现场监管措施近似无效。因此，应结合技术、金融发展态势，大力加强监管能力建设。

**（六）协调不力的主要原因**

协调不力是当前金融监管体制弊端的重要体现。不过，关于协调不力的主要原因则有不同观点。

一种观点认为，体制性因素是当前金融监管协调机制难以有效运行的主要因素，因为同级之间很难协调。

另一种观点则认为，体制性因素可能并不是主要因素，事在人为。毕竟，当前也存在同级协调却运行良好的协调机制，如发展和改革委员会、财政部和央行之间的协调机制。

### （七）监管架构调整时机和外部环境

关于监管架构调整是否应选择合适时机，是否应受制于外部的金融环境，存在不同观点。

一种观点认为，由于很难建立有效的监管协调机制，因此迫切需要尽早进行监管架构调整，否则会累积越来越多的金融风险，甚至诱发系统性金融风险。

另一种观点则认为，在当前金融风险形势下，暂不宜进行监管架构调整，否则会加大金融风险。一方面，从上一轮监管架构调整的经验看，监管调整会带来一年左右的空档期，会导致大量的监管真空存在，反而导致不能有效防范或处置金融风险；另一方面，从目前的情况看，似乎已经可以看到监管部门因可能存在的监管架构调整而出现的“懒政”“怠政”苗头。

### （八）如何研判国际经验及其对中国的适用性

全球金融危机后，不少经济体都进行了金融监管架构调整。其中，英国的监管架构调整特别受关注。但是，对于如何借鉴国际经验，如何评判国际经验对于中国的适用性，存在不同观点。

一种观点认为，存在金融监管的最佳实践，借鉴国际经验时，应主要关注国际经验所反映的全球趋势。

另一种观点则认为，不同经济体的经济、金融、政治环境不同，需要关注国际经验的适用性。一是要注重大国与小国的区别。一般而言，小国采用统一监管模式，而大国采用监管协调模式。因为，对于大国而言，若采取统一监管模式，部门太大，内部协调成本太高。英国虽然回归统一监管模式，但英国不属于大国，因此英国经验不适用于中国。二是在借鉴国际经验时，要关注其监管架构调整的深层次原因。比如，英国监管架构制度的调整并不完全是、甚至并不主要是经济因素作用的结果，政党轮换是一个关键因素。

# 第四节　混业趋势与监管理念的变革

## 一、混业经营的微观环境

### （一）产权明晰

在混业经营的微观环境中，产权是综合化银行经营的主体，只有产权明晰才能够保障各方的利益，并且在产权的制约下实现银行利益最大化。同时，产权明晰能够有效地避免道德风险和“搭便车”的行为。综合化的银行经营，是将不同风险和不同收益的金融产品业务结合到一起，如果缺少有效的产权制约，发生道德风险的系数很高，甚至会出现个人或者部分主体利益损害其他主体利益的行为。

产权明晰，必须对公司的治理结构进行完善。公司的治理结构主要指的是企业利益主体之间相互关系的制度安排，通常会采用契约的形式来明确分配企业利益主体的权力、利益以及风险。在公司法人治理结构方面，方式比较多，国内外的理解也有所不同。

### （二）内部控制机制有效

金融监管主要分为三个层次：一是中国银行保险监督管理委员会，由金融机构内部成立，负责对银行和保险业进行统一监管；二是行业协会或者行业公会，主要是对行业进行监管；三是外部监督，包括政府部门的金融监管机构和社会的公共机构。由于金融业所经营产品具有特殊性，所以说它是一个高风险的行业。因此，企业内部对风险的把控尤为重要，现代商业银行中有效的内部风险控制机制的设立是非常重要的一个环节。可以说，商业银行稳定健康发展的前提就是有效的内部风险控制，同时也是银行防范金融风险的第一道防线。

## 二、混业经营的宏观环境

### （一）市场竞争机制完善

1. 市场竞争机制的功能

完善的市场机制有激励企业发展、完善市场信息、优化市场结构等功能，是影响激励和绩效的因素之一。在一些超产权理论的学者看来，市场的竞争机制比产权更具有意义。在他们看来，产权的变动只不过是改善治理机制的一种方式，而企业自身的改善还需要竞争机制的推动。从企业长期的发展来看，完善企业自身治理的推动力还是市场竞争。不只是对企业，对管理者和员工也是一样，竞争机制下，不努力工作就会失去工作。竞争机制的激励能够促使员工为企业的效益做出更多的努力，提高企业效益。

2. 市场竞争机制有利于混业经营体制实行

市场竞争机制的完善能够促进金融业混业经营体制的实施。充分发挥市场竞争机制的作用，让企业的经营业务范围有法可依、有章可循，这样才不会使混业经营变成“混乱经营”。在混业经营体制下，金融企业的竞争是多方面的，面对的是不同行业的类型以及不同市场的对手。健全完善的市场竞争机制能够尽可能地避免部门内不同机构的和不同部门之间的不正当竞争，对不同的业务领域进行规范，促进金融业稳健发展。

### （二）法治完善

任何行业都需要相关法律制度的约束和保护。尤其是金融业混业经营，造成了很多行业之间的交叉，银行和金融机构的行为变得更加复杂，变化性更强，也就更需要完善的法律规范。但是，仅仅有完善的法律法规还不够，如果没有执行部分，再完善的法律都只是摆设，毫无作用。因此，需要专门的执法部门，能够有力、有效地执行法律。同时，还要有相关的法律约束执法部门，管理部门也要在相关的法律法规的约束下，依法履行自己的职责。

## 三、监管理念的变革

### （一）改革应坚持的基本原则

第一，在金融法治建设的原则下，探索综合监管和功能监管的新机制。十八届三中全会提出了“全面依法治国”等四个总体要求，为了保证和促进中国金融改革与发展的全面深入，需要努力推进金融法治建设。“十三五”规划纲要提出要“强化综合监管和功能监管”，从顶层设计层面上考虑，需要从组织法等视角对国务院金融监管协调机制（小组）的地位进行明确和规范，以法律制度框架明确具体抓手（金融信息和数据）的统一协调管理，并通过诉讼法等确立国家级金融法院这一专属法院的设立以及运行机制。

第二，立足国情。没有任何一种监管模式是完美的，一种监管模式也不可能适合所有的国家，各国还需要根据本国国情选择有效的监管模式。任何一种监管模式都不可能推倒重来，只能是在原来的基础上进行完善。在完善监管体制的过程中，监管的理念和逻辑必须是清晰的，对政府和市场的边界进行准确划分，这样才能制定出合理的监管体制和改革方案。

第三，建立可动态、全面覆盖监管的新框架。要密切跟踪新技术环境下金融机构的组织形态变化，加强监管调整网络动态能力建设。同时，统一对金融产品本质的认识。目前一定程度上的监管真空和监管混乱并存与我们对很多金融产品本质的认识不统一有很大关系。在2015年证券市场发生的场外配资行为，没有得到有效监管，一个重要原因就是对证券定义认识不一致，因而难以实行统一监管。

**（二）探索创新中央与地方分层监管体制**

1. 地方金融监管体系力量薄弱

目前，我国地方金融监管力量较为薄弱，难以有效承担中央赋予的各项任务。以上海为例，目前16个区中大部分已经设立了金融工作主管部门。从目前设置来看，有些设立了独立的地方政府金融服务工作办公室（以下简称金融办），有些将金融办作为财政局、发展和改革委员会（以下简称发改委）、国家经济贸易委员会（以下简称经委）等内设部门，还有少数未设立金融办。其中，独立设立金融办的有4个区，分别是浦东新区金融服务局、黄浦区金融办、杨浦区金融办、虹口区金融服务局；将金融办内设于其他部门的有11个区，其中宝山、奉贤、长宁、徐汇、青浦、金山、松江7个区内设于发改委，普陀、闵行2个区内设于财政局，嘉定区内设于经委，静安区金融办与投资促进局（以下简称投资办）合署办公；崇明区未设立金融办，相关工作由区财政局负责。

2. 推进地方金融监管建设迫在眉睫

地方金融监管机构管理中央监管机构不管、管不到或管不好的行业与领域，相对于中央金融监管部门或机构，具有其独特优势。

一是地方金融办是代表地方政府的专业机构，在协调和整合地方监管执法资源（如协调工商、公安、司法等）方面比中央监管机构或部门更具有优势。

二是地方金融办在获取监管执法所需线索和信息上相对于中央监管机构或部门具有更强的优势。它们具有更多和更畅通的信息渠道，有更密集的信息网络采集到相关信息和掌握有关线索。

三是地方金融办管辖范畴不受分业经营、分业监管的限制，是综合性金融监管机构，可以采取更为灵活原则为基础和风险为基础的监管方式，相对于中央分业监管的部门，具有更开阔的监管视野和全局意识，更容易发现那些处于监管缝隙、游离于监管边缘和蓄意规避中央金融监管存在灰色地带的违法问题和危害，因为可以不受分业监管的限制与约束，启动监管执法更加便利，可以更加积极主动。

四是相对于当地公安、工商等部门，地方金融办在金融监管执法上更专业，可以有效弥补其他部门在金融监管执法上专业知识不足的短板。

3. 搭建双层金融监管体系的思路

我们认为，中国面积广、市场层次多、主体众多、创新活跃，为了有效监管，应更加重视搭建分层的监管架构。目前，实行的是双层金融监管体系，当前的主要改革任务包括以下几点。

（1）建立双层金融监管架构

中央金融监管部门借鉴美国联邦储备系统（以下简称美联储）形式，一般情况下只设立到省及地市级层面。同时，整合现有地方金融队伍，成立“省—市（区）—县”三级专业管理的地方金融管理局。管理上实行双线管理体制，业务指导、法规制定、数据统计等方面主要接受中央金融监管部门指导，办公场所、人员任命、工资待遇等方面跟随地方相关规定。这样设计的好处在于，降低中央部门增设机构的难度，便于把金融监管网络覆盖到更广的市区、县及以下行政层级。

（2）进一步明确中央和地方金融管理的边界

按照完善地方金融管理体制的基本原则，建议从系统重要性、涉众、经营范围三个因素来考虑进一步明确中央和地方金融管理的边界。一是系统重要性因素，对于具有系统重要性影响的金融机构应由中央进行统一管理。二是涉众因素，对于涉及公众领域，影响众多中小投资者利益（如公众存款、公开发行证券等）的金融机构应由中央进行统一管理。三是经营范围因素，开展跨区域经营的金融机构应由中央进行统一管理。因此，除这三个条件之外的，不涉及公众领域、规模较小、不会导致系统性金融风险以及地方更易获得监管信息的金融机构，与地方经济发展关系密切，原则上可在国家金融管理部门的指导下，交由地方政府进行管理，使得地方政府承担更多促进其发展的职能。

**（三）深入改革准入管理制度**

推进金融改革的核心之一是建立符合功能监管理念的牌照管理制度。可考虑从以下方面着手。

1. 整合现有监管架构

现行监管架构存在一些不符合逻辑之处，成为监管套利事件时有发生的温床。最典型的案例是租赁业被人为划分成金融租赁和融资租赁，实际上两者在业务内容上并没有本质区别，只是大股东与监管部门的差异。正因为监管尺度差异太大，资本都倾向于申请设立融资租赁公司，迫使金融监管部门放宽监管政策。所以，应加快推进行业管理框架整合。

2. 推动准入管理向业务牌照制转型

美国是没有工商局的，这与中国有巨大差异，美国的业务活动监管部门分得比较细，如消费品安全委员会、食品安全检验局、国际贸易管理局、专利商标局等，重视业务准入管理而非机构牌照管理。这一监管制度显得更为严谨。中国当务之急就是遵循功能监管理念，从机构牌照制向业务牌照制转型，理顺工商登记与金融业务行政许可关系，先业务许可后工商登记。只有这样，才能有效纠正机构牌照制造成的监管竞次及监管盲区问题。

3. 改变目前按机构设置处室的监管架构

从金融监管部门的内部架构看，基本上是按照机构类型分设处室，与功能监管理论存在一定偏差。应当考虑进行相应整合，体现功能监管理念。

### （四）大力加强金融基础设施建设

从互联网金融风险集中爆发事件反映出我国金融监测预警体系的四个突出问题：一是“一团和气”，许多部门都已事先监测发现了互联网金融领域蕴含的巨大风险，但不愿出面点破，担心戳破泡沫，被动承担监管职责，伤害部门间“和谐”关系；二是政绩倾向，部分改革推进速度过快，存在“单兵突进”情形，由于配套改革举措尚未到位，诱发风险并迅速集中暴露；三是数据分割，只能看到局部数据和非实时数据，无力形成全局判断，监测专业性不强，影响处置进度；四是舆论失位，商业媒体易被市场主体影响，形成不了理性思考和客观评价结论。有鉴于此，建议从以下方面大力推动国家金融监测预警基础设施建设。

1. 搭建国家级监测预警平台

目前各地已有一些较好的探索案例，可在系统总结的基础上搭建国家级监测预警平台。例如，北京 2015 年年初正式上线打击非法集资监测预警平台，委托北京金信网银金融信息服务有限公司研发，全方位排查北京市各地区和各行业企业，实现了全面覆盖。上海也在探索搭建新型金融业态监测预警平台。实际上，金融风险往往具有全国性特征，各地重复建设存在专业性不强和资源浪费等问题，有必要在各地经验的基础上搭建国家级监测预警平台。

2. 探索与监管适当分离的监测体系

金融基础设施建设核心目标是建立多元性、独立性、专业性、双向性、前瞻性兼具的金融风险监测标准。金融行业分类较细，没有建立大部制管理架构，导致监管职能不尽明确，尤其是新业务、新机构、交叉地带监管职责不尽明确。在此长期性背景下，为了实现“不留空白点、不留空窗期”的目标，必须让监测、预警与监管适当分离，监测预警部门或平台可以不受自身监管职能限制，对整个社会实施全面监测，并明确相对独立的汇报路径或预警渠道。

**（五）建设面向未来的金融信息共享机制**

长期以来，各国金融数据信息的统计体系如同微观审慎监管框架一样，按照国别、地域或业务领域等不同标准被制度性地割裂开来；不同国家乃至一国内部不同监管部门制定的信息标准差异很大，以至于跨部门以及跨国家的信息整合几乎无可能。

在路径选择方面存在两种争论。一种是主要依靠政府力量，建立公共信用信息平台，整合金融信用、社会信用和公共信用，实现一站式查询平台。典型案例是上海市公共信用信息平台的探索。另一种是主要依靠市场力量，将征信领域的大型国企、民企通过商业利益机制进行整合，政府把精力放在游戏规则制定方面。典型案例是北京打击非法金融活动云平台的探索。从实践来看，前者理论上可行，受到激励缺失、保护不足、追责困难、规模过小、跨区竞争、利益冲突等方面因素限制，能够真正发展起来的案例很少。部门之间的协调难度可能超乎想象。后者看似存在种种弊端，但却存在许多国内外成功案例。例如，万得资讯成功建成国内最完整、最准确的金融工程和财经数据仓库，国内绝大多数金融学术研究机构和监管机构都是万得资讯客户。

对于中国而言，同样有必要加快金融数据体系改革，推动金融信息实时有效共享。可考虑以下举措。

1. 推动政府数据开放立法

数据开放是信息公开的升级版，其立法目标就是要明确数据的性质、产生、使用、修正和二次开发规则，为市场化力量合理进入提供支撑，通过立法打破数据围墙。我国百分之七八十的数据掌握在政府手中，如果这部分数据没有对公众开放，大数据时代就很难建设。

2. 建立一体化的金融数据体系

在尊重差异化信息需求的前提下，着手建立统一规范的金融数据标准，分成统计指标、非现场监管指标、现场监管指标三个层次，全面推进金融数据体系的一体化。相关工作可通过设立“金融稳定监管委员会”等类似部门予以推进，最终提高金融体系的透明度，建立具有包容性、动态更新的数据体系。

3. 鼓励发展市场化的信息共享平台

这方面有很多成功案例。例如，作为互联网金融基础设施，上海资信网络金融征信系统（NFCS）是当前国内最大的互联网金融征信系统，截至2016年1月15日，累计签约机构突破800家，注册地分布于26个省市自治区，业务发生地分布于31个省市自治区，收录客户数已超过491万人，贷款总笔数285万笔，累计查询415万笔，日均查询1.5万笔。市场化平台在金融风险防范中具有独特作用，仍有巨大发展空间。

4. 夯实与互联网时代相适应的信息披露制度

信息披露是互联网时代金融业发展规律和本质要求，对投资者保护具有重要影响，是信用评级和风险评估的基础。应以“真实性、全面性、及时性、专业性、规范性”为导向，建立强制性、自愿性相结合的信息披露制度。

**（六）完善金融事务协调机制**

1. 推进以金融监管改革为基础的内部协调机制建设

过去实践证明，由于行政管理制度的限制，很多问题通过简单的外部协调机制难以有效化解，必须启动行政管理框架改革，把外部协调转变为内部协调，依赖内部协调的强制性予以推进。

2. 探索科学的外部协调机制

不管监管框架如何改革，外部协调需求都将持续存在。例如，美国在经历了次贷危机之后，不但陆续出台了一些限制金融业、混业经营的条例，还设立了金融稳定监督委员会。我国也可以考虑出台专门的监管协调机制法规，从技术面、组织面加强保障，针对老问题及时总结形成常规化的协调方案，针对新问题迅速启动应急协调方案。

3. 建立中央与地方金融管理部门的协调配合机制

建议建立由地方金融办和中央金融管理部门的分支机构共同组成的金融监管协调平台，发挥充分沟通、信息共享的作用。中央金融管理部门的分支机构应积极配合地方金融办的工作，地方金融办也应加强与中央金融管理部门分支机构的沟通和协调，维护中央金融管理部门分支机构行使职能的独立性，确保国家宏观调控政策在地方有效落实。

# 第五节　美国金融危机与监管的变革

## 一、加强对系统性风险的监管

美国在 2007 年金融危机结束后，设立了金融稳定监管理事会（FSOC），主要负责监控金融体系中的系统性风险，稳定金融秩序。美国金融稳定监管理事会的主席由财政部部长担任，由美联储主席、货币监理署署长、金融消费者保护局局长、证监会主席、联邦存款保险公司董事长、保监会主席、联邦住房金融局局长和国家信用合作社主席，以及一位由总统提名、参议院批准的保险专家独立会员这九位要员担任表决权会员。同时，设立金融研究办公室（OFR），主要负责研究金融问题以及支持 FSOC 的工作，直接隶属于财政部门。由金融研究办公室（OFR）主任、金融保险办公室（FIO）主任以及从各州选举中产生的保险专员、银行主管、证券专员组成非表决权会员担任资讯顾问。

## 二、加强对场外衍生品市场和交易商的监管

对场外衍生品市场和交易商的监管，主要是指对中央交易对手、电子交易系统、清算中心等的监管。美国要求所有标准的场外衍生品都通过一个中央交易对手进行清算，但是“标准”的范围是有弹性的。像资产抵押证券这一类与不动产相关的衍生产品，属于有某些风险的衍生产品，美国原有的监管体系是允许金融机构在没有充足资本的情况下进行销售的。但是美国新的金融监控体系对衍生产品的交易规定尤为严格，对场外衍生品的交易商和参与方都提出了交易保障金的要求，尤其是不采取标准合同、不通过中央交易进行结算的衍生品。

## 三、进一步完善微观监管框架

美国微观监管框架的完善主要包括两个方面：一方面是扩大监管范围，在原有的监管模式下，将对冲基金纳入了监管的范围；另一方面是限制银行的高风险业务，根据“沃克尔法则”，吸收存款的银行需要将各自的衍生品业务剥离。在新的监管框架之下，禁止银行滥用抵押贷款和信用卡，要求金融机构为投资者提供简单的金融产品，并提高机构的透明度和公平性。美国微观监管的新框架，如表 7-2 所示。

表 7-2　美国金融机构 / 产品的监管框架

| 机构 / 产品 | 监管机构 |
|---|---|
| 资产≤ 500 亿美元的州银行 / 储蓄机构 | 联邦存款保险公司（FDIC） |
| 资产≤ 500 亿美元的国民银行 / 储蓄机构 | 美国货币监理署（OCC） |
| 所有其他银行 / 储蓄机构 / 银行金融控股公司 | 美国联邦储备系统（Fed） |
| 信用合作社 | 美国信贷联盟署（NCUA）/ 州监管机构 |
| 系统重要性的金融市场活动（支付、清算和结算） | Fed |
| 资产支持证券 | 美国证券交易委员会（SEC）/ 联邦银行机构 |
| 衍生品 | SEC/ 美国商品期货委员会（CFTC） |
| 经纪自营公司 | 美国证券投资人保护协会（SIPC） |

## 四、更加注重对金融消费者和投资者的保护

第一，美国依据《多德 - 弗兰克法案》，在美联储之下设立了消费者金融保护署（CFPA），是主要负责保护金融消费者权益的机构，该机构拥有强制收购权、强制执行权等权力。

第二，美国在证券交易委员会之下设立了评级办公室，通过信用评级手段来揭示投资风险，稳定金融市场，保障投资者的利益。该机构有着促进资本形成，维护金融市场公平和效率的职责。

第三，美国加强对金融机构经营活动的管理，要求金融机构提高信息的透明度，保障金融市场的公平性，尽力避免金融机构的“道德风险”，进一步维护金融消费者和投资者的利益。

# 第八章 绿色金融发展的相关实践

要改善我国环境问题，不仅要依靠更强有力的末端治理措施，还必须采取一系列财税、金融等手段改变资源配置的激励机制，让经济结构、能源结构、交通结构变得更为清洁和绿色。本章分为发展绿色产业基金、建立绿色担保机制、发展绿色债券市场、发展绿色股票指数、银行开展环境压力测试、绿色金融领域的国际合作、明确金融机构的环境法律责任、财政贴息支持发展绿色贷款八个部分。

## 第一节 发展绿色产业基金

### 一、国际绿色产业基金发展情况

#### （一）英国绿色投资银行

英国在 2012 年建立了绿色投资银行（GIB），主要提供绿色项目的股权投资。民间资金对于风险较大、项目较新的绿色项目，面临着政策的不确定性，因此不愿意投入资金。政府通过普通合伙人、有限合伙人、地区性、行业性等多种方式组建绿色产业基金，当有政府背景的基金参与进来以后，这些绿色项目的风险就大大降低了，从而推动了民间资金投资。

GIB 投资遵循赤道原则，投资的绿色项目主要包括以下几种。

①能够减少温室气体排放的项目。

②有效利用自然资源的项目。

③保护自然环境的项目。

④维护生物多样性的项目。

⑤促进环境可持续发展的项目。

目前，由英国政府全资控股在 2016 年 3 月前投资的绿色项目。作为绿色投资市场的“催化剂”和补充者，GIB“自上而下”的管理方式及压力测试、控制测试、合规管理和内部审计的风险管理工具，都非常细致和详尽。

### （二）欧洲等其他地区的绿色投资基金

欧洲是目前世界上最大的社会责任投资（SRI）市场，而且采用不同 SRI 投资策略的资产增速普遍大于市场资产的平均增速。2009 年，欧洲与环境、社会和公司治理（ESG）相关的资产总额高达 7.15 万亿美元，而到 2011 年则进一步增长到 8.76 万亿美元，2018 年欧洲融入 ESG 投资理念的资产规模为 12.3 万亿欧元。对于 SRI 的定义，欧洲不同的国家也有不同的解释。

在西欧地区的绿色投资资金是专注于环境等具体的产业或者投资领域，并在这种背景下获得快速发展的。绿色投资基金的发展在西欧具有明显的地域差异。早期英国绿色投资基金发展一枝独秀，后来被法国、瑞士等赶上。欧洲的 SRI 市场是一个机构投资者占主导地位的市场，主要的机构投资者包括养老基金、储备基金、保险公司以及高校。

## 二、我国绿色产业基金发展情况

### （一）绿色基金发展情况

随着国家生态文明建设的持续推进，绿色发展的理念不断深入人心，绿色基金的发展十分迅猛。2017 年节能环保、绿色基金数量达到 209 只，相比 2016 年增长达 72.72%，如图 8-1 所示。

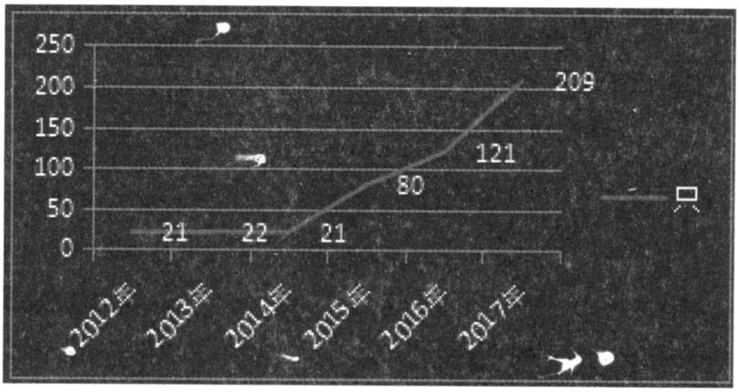


图 8-1　2012—2017 年绿色基金成立数量

2017 年在中国证券投资基金业协会备案的绿色基金中，股权投资基金有 156 只，占比达到总体绿色基金的 74.64%；创业投资基金 27 只；证券投资基金 4 只；其他类型基金 22 只，如图 8-2 所示。

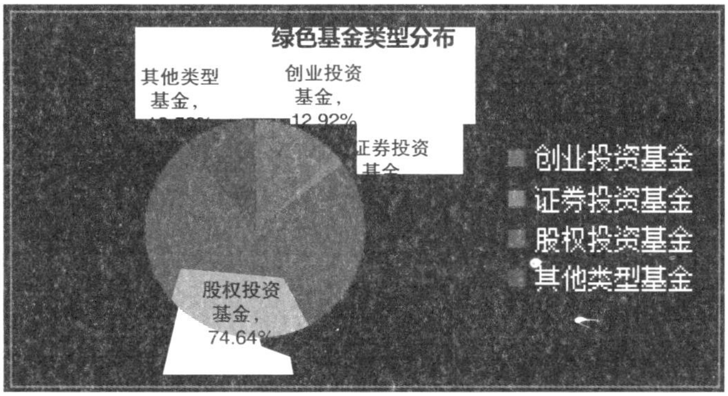


**图 8-2　2017 年绿色基金类型分布**

### （二）绿色产业基金发展情况

除市场化运作的绿色基金外，国家发展和改革委员会牵头联合相关产业集团、金融机构共同发起设立一只绿色产业投资基金，该基金作为新型的政策管理工具，引导社会资本支持我国绿色产业发展，推进我国生态文明建设和绿色发展。

按产业领域划分，投资清洁能源（太阳能、风能、生物能、地热能、水能）产业的基金有 117 只，占总投资比例的 55.98%，处于第二位的环保产业基金有 60 只，投资节能产业的基金只有 8 只，如图 8-3 所示。

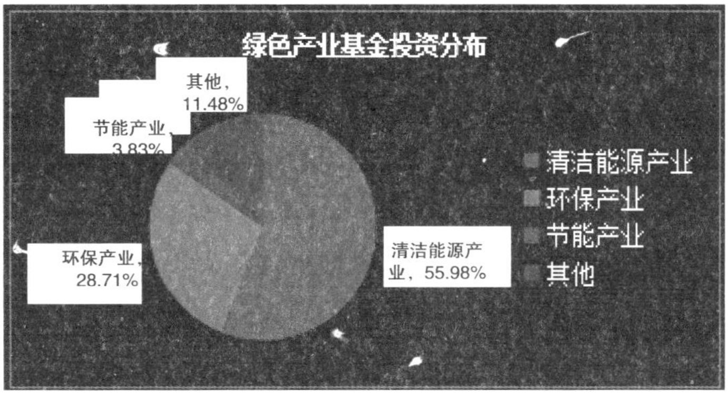


**图 8-3　2017 年绿色产业基金投资分布**

## 三、PPP 模式推动绿色产业基金的发展

### （一）PPP 模式概述

PPP 模式是指政府与私人组织之间一种“利益共享、风险共担、全程合作”的关系。PPP 模式适用于公益性强的项目，目前中国的 PPP 模式多处在交通、

能源、水资源等领域。PPP 模式最早应用于刺桐大桥，财政部公布的第二批示范项目,其中包括北京市兴延高速公路项目、引汶工程项目等。在进入2016年后，再新增金华人民医院 PPP 项目、徐州市骆马湖水源地及原水管线 PPP 项目等。

从新增项目中不难发现，随着社会对环保产业的日趋重视，政府对环保产业的支持力度也在不断加强。在 PPP 项目的发展中，离不开政府的推进，更加得益于一个权责结合的高效推进机制。PPP 项目在传统领域中应用不断加强的同时，也将创新理念与其不断融合，以期更加适应现代化社会的发展。

将 PPP 模式应用到绿色产业基金中，一方面保留了政府的政策性引导，另一方面保证了资金流的持续性。由于绿色产业基金的特殊性，其具有较强的外部性特征，需要政府予以引导规范。然而政府的财政拨款是基金创立的一部分，相对整个金融市场而言，希望通过政府的杠杆作用吸引社会闲散基金流向绿色基金。

**（二）浙江政府推动绿色产业基金发展**

截至 2015 年底，浙江全省新设政府产业基金规模已达 435 亿元，其中省级政府产业基金 182 亿元，市县政府产业基金 255 亿元。

1. 省级政府产业基金发展情况

省级政府产业基金已与省内有特色产业、有产业集聚基础的市县政府合作设立区域子基金 10 只，与浙江清华长三角研究院、复星集团、鼎晖投资等知名机构合作组建市场化子基金 13 只，直投项目 2 个，重点投向省委、省政府确定的信息经济、环保、旅游、健康、时尚、金融、高端装备制造等七大产业。省级政府产业基金出资合作设立的 25 只子基金（项目）总规模达到 450 亿元，其中省产业基金承诺出资 125.6 亿元，资金放大规模逾 3.5 倍。

2. 市县政府产业基金发展情况

市县政府产业基金已参股设立子基金 100 余只，吸引社会资本出资 354.3 亿元，累计投资实体企业项目 500 多个。目前，各级政府产业基金已初步与天使投资、风险投资、私募股权投资、并购等不同阶段投资机构开展对接合作，投资方向重点覆盖上述七大产业，为浙江创业创新、产业转型升级持续导入优质资本、优秀人才、先进技术、现代管理理念等要素，综合效益显著。

# 第二节　建立绿色担保机制

## 一、银行业绿色担保机制

绿色产业作为战略性的新兴产业，被世界上许多国家确定为推动未来经济发展的新引擎。现阶段我国银行开展绿色信贷业务主要是通过质押担保方式来提供融资贷款。因此，担保方式创新成为完善绿色信贷开展、推动绿色金融发展、促进生态文明建设的关键因素。

随着绿色金融体系的发展和完善，环保行业和节能服务行业等绿色行业的企业规模普遍较小、自我担保能力较低的普遍特性成为融资难的主要障碍，银行对节能减排企业的金融支持有很多手段，银行业为了支持绿色产业的发展，在风险可控的基础上，积极探索绿色信贷担保方式的创新。

根据银行业在绿色信贷担保贷款方面创新方式的不同，可分为以下 7 种创新担保方式的绿色信贷业务。

### （一）未来收益权担保融资贷款

未来收益权质押授信是指借款人将项目未来收益权质押于银行，或将项目未来实现的收益作为第一还款来源，授信银行根据项目未来收益的一定比例，提前将该项目未来的收益以贷款形式发放至借款人，用于借款人日常经营或与主业相关的新项目投资的一种授信方式。

未来收益权质押融资方案可以根据投资规模配套资金，实现贷款无上限，不留资金缺口，从而确保项目竣工；突破传统信贷模式，并且融资期限灵活，贷款期限最长可达 3 年，进一步确保节能服务公司能够顺利实施项目。目前我国已开展的较为创新的未来收益权质押融资方式包括合同能源管理未来收益权质押融资、建设—经营—转让收费权质押融资等。

未来收益权质押融资能够有效解决中小节能服务公司因担保不足发生的融资难问题，帮助企业加快资金周转速度，推动节能服务企业做大做强，促进节能服务产业的发展，具体步骤如下。

①授信银行与节能服务公司以及项目业主三者之间签订节能服务合同，该合同明确了节能服务公司以及项目业主之间未来收益权的划分方式。

②授信银行基于节能服务合同，借助以往银行所开展的合同能源管理项目的技术评估经验，合理测算不同类型项目节能量，从而合理测算企业未来现金流，设计有效的未来收益权质押融资方案，从而进一步降低企业还款压力。

③授信银行与节能服务公司就融资方案磋商并达成共识后由授信银行按融资方案向节能服务公司提供贷款，以确保项目的如期开展。同时，授信银行会要求节能服务公司在银行设立一个独立账户以接收业主提供的未来收益。

④项目实施后，项目业主按节能服务合同规定向节能服务公司在银行设立的独立账户存入节能收益。授信银行从该账户以协定方式收回贷款至贷款余额清零为止。

### （二）排污权担保融资贷款

排污权抵押融资指的是授信银行以借款人有偿取得的排污权为抵押，向借款人发放的贷款。贷款对象一般为持有《污染物排放许可证》且污染物排放未超过《污染物排放许可证》规定的企业，排污权可在排污权交易市场进行有偿转让，且应办理抵押登记。排污权抵押融资，可以拓宽企业融资渠道，缓解企业资金紧张的问题，也充分利用企业自身资源创造更多的资金流，有利于企业实现节能减排规划，推动节能减排项目的开展，推动企业转型升级。排污权抵押融资运作机制如下。

①持有《污染物排放许可证》且污染物排放未超过《污染物排放许可证》规定的企业向政府有关部门备案，对其排放许可证的抵押融资进行登记。

②授信银行综合考虑市场行情、产业发展现状、企业运营情况等一系列因素后，对企业的未来运营情况评估判断，设计有效的排污权抵押融资方案，从而提供足够资金帮助企业渡过资金短缺的困境。

③授信银行与排污企业就融资方案磋商并达成共识，授信银行按融资方案向排污公司提供贷款，以确保该企业能成功利用贷款实现企业的转型升级，实现节能减排目标。

④排污企业按照合同规定向授信银行偿还贷款。

### （三）节能补贴担保融资贷款

节能补贴贷款是针对符合节能行业相关政策法规规定，从事合同能源管理并能够获得政府部门财政奖励资金的节能企业所提供的一种特殊授信方式。该类别的节能服务公司取得国家备案资格后，可获得由中央及地方财政共同提供的补贴奖励资金。若取得地方备案资格，也会获得当地财政提供的补贴奖励资金，两者均旨在扶持节能服务公司在成长阶段能够迅猛发展。一般贷款额度是按各地财政补贴政策合理设定贷款金额，原则上贷款额度以政府发放的财政补贴金额为基准，通过设定质押比率得出相应的贷款额度。节能补贴贷款期限结合节能企业申请政府资金补贴至发放过程时间间隔，原则上贷款期限为 6 个月到 1 年之间。具体步骤如下。

首先，节能服务公司要在政府相应部门取得备案资格，根据有关规定申请财政补贴奖励资金。申请获批后，由节能服务公司向授信银行提供有关书面材料证明，申请补贴奖励资金抵押贷款。

其次，授信银行审查材料并向政府部门确认无误后，根据节能服务公司所申请到的补贴奖励资金的额度以及政府发放资金的时间长度设计合理的融资方案。融资方案获得节能服务公司及授信银行双方同意后，节能服务公司以接收政府财政补贴资金专用账户做质押担保，从授信银行获得资金开展经营活动。

最后，节能服务公司偿还贷款原则上按季度结息，并以政府财政补贴资金为第一还款来源，一次性还清。具体以节能服务公司与银行之间协议为准。

### （四）碳资产担保融资贷款

碳资产抵押融资是指企业以其自身所拥有的碳资产作为担保，借此向授信银行申请贷款，帮助企业解决资金短缺问题。碳资产抵押融资的创新，相对传统融资模式而言，除拓宽企业融资渠道、加强对企业各种资产的充分利用之外，该融资方式还可以将企业成功融资案例作为节能减排经典案例，鼓励同行业中其他企业加快转型升级，产生更多的具有流动性和交易价值属性的碳资产，从而在增强自身竞争力的同时获得足够的资金支持，促进企业成长。具体步骤如下。

①企业要结合国家宏观发展趋势及产业发展态势，设定可行性高的节能减排目标，合理规划节能减排具体安排，并有效测算企业的碳资产。

②企业以已有的碳资产或节能项目未来的碳资产作为质押担保，授信银行则根据碳资产选择授信额度及贷款期限，并为项目业主设计符合企业运营情况的授信方案。同时，授信银行帮助业主实现更合理的减排量交易协议，并把控风险。

### （五）特许经营权担保融资贷款

特许经营权是指特许人拥有或有权授予他人使用的注册商标、企业标志、专利、专有技术等经营资源的权利。特许经营权可分为品牌类和技术类两大类别。

①品牌类指的是特许人拥有或有权授予他人使用的注册商标、商号、企业标志等。

②技术类则包括特许人授予被特许人使用的专有技术、管理技术等。

特许经营权担保融资在运作机制上与其他无形资产担保融资方式大同小

异。需要企业依法向有关部门备案，获得特许经营权的书面证明材料。授信银行根据企业所提交的材料及申请，向政府有关部门审查核实后，根据企业规模大小、运营状况、抵押的特许经营权及融资缺口设计合理融资方案，并向有关部门办理抵押登记。

**（六）知识产权担保融资贷款**

绿色产业属于知识技术密集型产业，绿色企业的自主知识产权较多、价值较高，但由于知识产权质押风险受到资源类、经营类、利益类和市场类四种类型因素影响，导致知识产权的价值确认标准较模糊，难以界定其价值，因此目前绝大部分银行仍不允许企业以知识产权作为贷款质押。2012 年，中国农业银行研究制定了《知识产权质押贷款管理办法》，在各二级分行开启知识产权质押贷款业务。

第一步，借款人提出书面申请，并提供企业基础资料及以下资料。

①商标注册证、专利证书、国家知识产权局出具的近期的专利登记簿副本、专利授权公告文本或商标注册公告文本等证明知识产权权属关系、效力状况及使用情况的证书或文件。

②质押权利为实用新型专利的，须提交国家知识产权局出具的新颖性检索报告。

③合法、有效的出质人同意质押的书面声明或承诺及其他资料等。

第二步，授信银行调查评估和贷款审批后，双方签订《权利质押合同》等法律文本。由授信银行到有关部门办理知识产权质押登记手续。

第三步，授信银行按照合同向企业发放贷款，必要时可为企业提供其他专业服务。

**（七）多样化组合担保融资贷款**

多样化组合担保融资包括了国际金融公司损失分担机制，土地、房产抵押，应收账款质押，专业担保公司担保，集团公司担保，关联公司担保，公司高管连带责任担保，融资租赁，保险增信等多种方式。绿色信贷业务授信对象主要分为两类企业。

第一类企业为“两高一剩”（即高污染、高能耗、产能过剩）型企业，申请绿色贷款以获得充裕资金，促使企业达到节能减排目标或推动企业转型升级。

第二类企业为节能环保企业，申请绿色贷款以确保能效和可再生能源项目的顺利实施，保障企业的日常经营，推进节能环保产业迅猛发展。

然而，现阶段绝大多数节能环保企业均属于“轻资产”类别企业，受限于商业银行传统贷款模式的担保要求限制，往往很难突破融资难和担保难的瓶颈。针对节能环保中小微企业单一担保方式融资额度受限的情况，金融机构陆续创新多样化组合担保融资。该方式既拓展了节能环保中小微企业的融资方式，又扩大了其授信额度，充分利用企业资产权益，为处于幼稚期的节能环保企业在未来的迅猛发展奠定了坚实的基础。

多样化组合担保融资因节能环保项目的复杂难易、申请贷款企业的运营情况、申请贷款额度、企业可抵押担保资产的多样性及授信银行的业务规范不同等因素，担保方式十分灵活多变，因此每一个节能减排多样化组合担保融资项目均有着各自比较鲜明的运作机制。如在广东节能减排项目中，申请亚洲开发银行节能减排贷款的企业大多数是中小企业。这些中小企业的资产规模较小，可用于抵押的固定资产有限，无法提供足额的抵押物进行融资。因此，这些企业除了将自身无形资产进行抵押外，还采用了专业担保公司担保、融资租赁、保险增信等各种各样的担保方式。

### 二、绿色担保机制国内案例

湖南某能效管理科技有限公司是一家专业从事电力节能和安全评价为核心业务的新兴产业优质企业。北京银行长沙分行根据企业发展的需求，以节能补贴贷款形式向企业提供融资 250 万元。

由于该公司已取得国家备案资格，并且拥有国家审核的可获补贴的合同能源管理项目，因此符合节能补贴贷款的有关要求。基于财政补贴资金拨付下发时间较长、企业面临资金缺口急需资金运转的事实情况，北京银行研发节能补贴贷款，以“财政补贴资金质押 + 实际控制人无限连带责任”作为主要担保方式向该企业提供融资支持，帮助该企业渡过资金短缺的难关。在风险控制方面，北京银行通过对企业基本情况、财务状况及项目落地情况的审查审核，企业第一还款来源的确认等方面将业务风险限制在可控范围内。

最终这个优质企业以下发的财政补贴资金向北京银行偿还了该笔贷款，项目取得圆满结果。

## 第三节 发展绿色债券市场

### 一、发展绿色债券的优势

我国传统的绿色融资渠道是绿色信贷，而绿色债券市场为绿色产业领域开辟了新的融资渠道，也为绿色项目融资带来了新的资本市场；发展绿色债券也能解决我国银行和企业期限错配的问题，增强银行的绿色信贷投放能力，减少银行的风险，同时企业也可以进行不断的融资来支持中长期的绿色投资项目；通过政策层面、贴息和担保等多种降低成本的安排，使资本市场的“绿色金主”投资者投入绿色资产项目中，提高绿色债券的市场需求，从而降低绿色债券的融资成本。

## 二、绿色债券融资的项目

我国发展绿色债券市场有很大的市场潜力，绿色债券融资的项目需要的资金量比较大，项目现金流比较稳定，但是投资回报率不高，这是由于绿色债券融资的项目一般是中长期的，如地铁、轻轨、污水处理、新能源等大中型项目。在未来的绿色投资中，绿色债券融资的项目会占全部绿色投资的30%以上。中国人民银行适应形势的发展，在2015年曾经发行绿色金融债券，未来还会发布非金融企业的绿色债券。

为了避免绿色债券市场出现“劣币驱逐良币”等风险，还要对绿色债券进行明确的界定，培育第三方评估和评级机构，对发行的债券做绿色项目的评估并持续进行监督评级，估算实际效益，使绿色债券市场更加规范、健康地发展。

## 三、工商银行发行首只绿色气候债券案例

### （一）债券发行概况

“一带一路”绿色气候债券由工商银行卢森堡分行代理总行发行，美银美林集团、汇丰银行、法国东方汇理银行及中国工商银行（亚洲）有限公司（以下简称工银亚洲）等多家机构参与承销。此次绿色气候债券为“欧元 + 美元”双币种，募集总资金为21.5亿美元。其中，欧元3年期浮动利率债，发行利率为3M Euribor+55bp，发行额度为11亿欧元（约合13亿美元）；美元3年期浮动利率债，发行利率为3M Libor+77bp，发行额度为45亿美元；美元5年期固定利率债，发行利率Treasury+99bp，发行额度为4亿美元，具体情况如表8-1所示。

债券募集的资金将用于支持工商银行全球范围内已经投放或即将投放的合格绿色信贷项目。化石燃料相关资产、大型水利项目以及核能和核相关资产将被排除在投资范围之外。

**表 8-1 工商银行“一带一路”绿色气候债券发行概况**

| 发行人 | 中国工商银行卢森堡分行 | | |
|---|---|---|---|
| 信用评级 | A1（穆迪） | | |
| 承销商 | 美银美林集团、汇丰银行、法国东方汇理银行、工银亚洲 | | |
| 票据期限 | 3 年浮动利率 | 3 年浮动利率 | 5 年固定利率 |
| 规模 | 13 亿美元 | 4.5 亿美元 | 4 亿美元 |
| 发行利率（市场价） | 3M Eubor+55bp | 3M Libor+77bp | Treasury+99bp |

### （二）债券发行特点

“深绿”是此次绿色债券发行的最大特点，这主要体现在三个方面。

①该笔债券发行标准较高，获得西塞罗“深绿”评价，满足绿色债券原则，2017 年版也同时满足中国绿色债券准则。

②债券募集资金使用方面管理严格。

③工商银行承诺会定期在《社会责任报告》中发布年度报告，并邀请第三方机构对其所做报告进行认证和监督。

## 第四节 发展绿色股票指数

### 一、绿色股票指数概述

绿色股票指数是指绿色企业所占比例较高的股票指数，国际上推动金融机构投资者提高对绿色企业投资比例的做法就是建立和推广绿色股票指数。我国现行的股票指数构成中，交易型开放式指数基金产品中只有 1%左右是绿色的，而占比较大的还是传统的能耗高、污染大的重工业，因此金融机构的投资者在进行股票投资时，就只能被动选择这些重工业企业。所以现阶段我国要积极推广绿色可持续发展产业领域的股票指数，推动绿色金融体系的健康发展。

### 二、发展绿色股票指数的途径

#### （一）借鉴经验

要借鉴发达国家的成功经验、引进国外绿色股票指数研究成果，借鉴国内机构研究发布的绿色、可持续股票指数，创新发展我国绿色股票指数，推进市场开发相关的投资产品。

①建立绿色股票指数的信息公布平台。

②与国外成熟的指数机构加强合作交流。

③鼓励财富管理、中介机构对绿色指数的研究和开发。

**（二）完善社会责任信息披露机制**

我国目前的绿色指数受到上市公司信息披露不足、没有针对性的指数编制方法的影响，很难获取相关企业的能源消耗等关键数据，只能根据公司所处的行业、发展战略等信息来综合判定其指数，在股票指数中的影响力有限。

要借鉴国外指数机构收集数据的方法，如公司信息披露、问卷调查、第三方审验等；要积极完善社会责任信息披露机制，完善上市公司的环境信息、可持续发展信息的披露；鼓励非营利性研究机构、第三方机构对企业的可持续表现情况进行披露、评级等，作为绿色指数和绿色投资产品开发过程中的筛选标的。

**（三）开展绿色指数的投资应用**

积极推动机构投资者开展绿色指数的投资应用。绿色投资产品的发展，很大程度上取决于机构投资者的参与力度。从海外市场看，养老基金是该类产品的重要参与者。目前国内社保基金、保险资产管理公司等大型机构投资者，仍然普遍以沪深 300 等大盘股指数作为业绩基准或投资标的。应该推动大型投资机构更多地使用绿色指数，培育市场的绿色投资理念，促进绿色投资产品的发展。

**（四）开发绿色可持续投资产品**

鼓励资产管理机构开发更有针对性、更加多样化的绿色可持续投资产品。资产管理机构应该参照绿色指数发展更多的绿色产业基金、可持续基金、道德基金等各类主题类型的基金。在基金的管理形式上，除传统的公募基金外，可大力发展集合理财、专户理财等多种形式的绿色投资产品，尤其是专户理财形式可以量身定做更符合客户价值观的产品。

## 第五节　银行开展环境压力测试

### 一、英格兰银行开展环境压力测试

在绿色金融体系整体发展的条件下，银行开展环境压力测试有潜力成为推动未来绿色金融发展的一个重要的工具，英格兰银行对气候变暖给保险业带来的影响进行了分析。

在欧洲的海滩上有一栋别墅，有一个投资者准备买这栋别墅。他首先问银行能不能贷款买房。银行建议投资者先去保险公司，问保险公司是否愿意提供担保。保险公司在实地勘察以后对投资者表示无法提供担保，因为气候变暖会导致海平面上升，这栋房子在数十年之后可能就被海水淹没了，保险标的物的价值会面临巨大的风险。这就是一种压力测试。

另外一种压力测试是将保险公司作为资产管理公司来研究的，看它所投资的一些资产的价值是否会因为气候变化而有成为搁浅资产的风险。巴黎气候大会达成共识，即与前工业化时代相比，未来的平均气温升高不能超过两度。经专家计算，如果气温变化不能超过两度，那么二氧化碳的排放量必定要受到限制，从而化石能源，如石油和煤炭的消费就受到很大限制。一些学者的研究结论是，现在仍在地下的石油储备中有70%是无法使用、不可以被消费的。这就是“搁浅资产”的概念：这些资产按现在的价格来看是有价值的，但是在未来可能会变成没有价值的资产。

## 二、中国工商银行环境压力测试

在中国，工商银行已经率先通过压力测试开始探索环境风险对银行造成的影响。工商银行在几个行业领域做了环境风险对银行不良贷款率影响的分析，如火电、水泥、钢铁、化工等行业。这些行业的污染比较严重，但是其所面临的环境风险还没有全部转化为信用风险。这是因为，未来会出台很多环境方面的政策、法规和新的市场机制。环境执法监管力度增强后，原本逃避缴费的企业就必须要对其污染物排放付费，从而使企业的生产成本上升。

再假设几年后中国开征碳排放税，那么排放二氧化碳的企业成本会进一步上升。碳交易市场在2017年正式启动，如果企业减排不力，就必须去市场上购买碳配额，也会产生更多开支。所以，很多污染型企业将会面临成本上升、收益下降的局面。对银行来说，这些企业的不良贷款率也会相应上升。如果通过压力测试可以把这些环境高风险行业的未来不良贷款率估计出来，就可以得到一个环境风险和未来信用风险之间的定量关系，从而使银行能够重新审视自己的资产配置，激励银行减少对污染行业的贷款，同时加大对绿色行业的资金投入。

## 第六节　绿色金融领域的国际合作

### 一、中国“一带一路”项目

绿色产业基金推进“一带一路”绿色化的进程。值得一提的是，“一带一路”的绿色化投资已经得到很多关注。

2014 年 11 月 17 日，“绿化丝绸之路伙伴计划”被联合发起，“绿丝路基金”就是此项目的落地之举。2015 年 3 月 8 日，“绿丝路基金”在北京正式启动，全称是“绿色丝绸之路股权投资基金”。“绿丝路基金”采用合资形式，非公开募集。基金首期募资 300 亿元，首个投资项目规模为 50 亿元，主要用于投资生态光伏项目，拟在河北京张生态走廊区域投资集“发电 + 种树 + 种草 + 养殖”于一体的立体式生态光伏产业。

基金期限为整体存续期10年，其中投资期为5～8年，管理和退出期为2～5年；首期生态光伏项目存续期为 5 年，其中投资期为 3 年。基本的法律结构为有限合伙制企业，成立国际国内优秀专业基金管理团队，负责基金的日常运营和管理。该基金的管理公司拟在天津自贸区注册，注册资本为5000万元人民币。

“一带一路”倡议规划将生态环保、防沙治沙、清洁能源等列为重点发展产业，丝绸之路经济带沿线地区土地荒漠化问题严重，但光热资源丰富，发展前景广阔。

### 二、在 G20 框架下推动全球绿色金融的发展

在二十国集团（G20）的框架下推动全球绿色金融的发展。2017 年围绕财经渠道讨论绿色金融的两大议题：环境风险分析和运用公共环境数据开展金融风险分析与影响决策。2018 年将“绿色金融”研究改为“可持续金融”研究，考虑绿色金融带来的就业和减贫等协同效应。G20 绿色金融研究小组仍由中国人民银行和英格兰银行主持，并于 2 月在伦敦和 6 月在澳大利亚悉尼举办两次会议。

G20 绿色金融研究小组依据绿色金融发展所面临的障碍，建立许多绿色金融建设平台；推广绿色可持续发展贷款、绿色投资、绿色环境信息披露等建设工作；能够满足各国对金融能力建设的需求，成立了可持续银行网络，对金融业、银行业监管机构的人员进行培训，推广可持续投资的理念和方法。

## 三、开展绿色金融领域的双边合作

近年来，在G20绿色金融研究小组的推动和影响下，越来越多的国家开始关注并发展绿色金融。G20绿色金融研究小组于2016年提出政策建议，使得国际合作已经在许多国家之间频繁开展。比如，中英两国通过经济与财金对话和绿色金融工作组开展了卓有成效的双边合作，中国与法国也在两国高级别经济与财金对话中写入了加强绿色金融合作的成果内容，中国金融学会绿色金融专业委员会还与欧洲投资银行就中欧绿色债券定义趋同开展了联合研究。

### （一）中英两国深入研究双边合作

2017年，中英两国绿色金融工作组主要研究了跨境绿色资本流动，绿色资产证券化，环境、社会和公司治理评估，环境风险分析和“一带一路”投资绿色化等议题，并于9月初发布了《2017年中期报告》。

在第9次中英经济与财金对话中，两国总理要求中英绿色金融工作组继续推动“一带一路”投资绿色化、金融机构开展环境信息披露试点、探索可持续资产证券化，以及研究环境、社会和公司治理因素与财务表现之间的关系等4个议题。绿色金融工作组于2018年3月19日在英国伦敦召开第2次正式会议，对上述4个议题开展深入研究，并将相关研究成果提交至第10次经济与财金对话。

### （二）中法绿色金融合作首次写入高级别对话成果

2017年12月，在第5次高级别经济与财金对话中，中法两国首次将绿色金融合作写入对话成果，具体内容如下。

双方认同低碳和气候适应型投资的重要性，并将采取措施鼓励资金流向资源集约、可持续、低碳和气候适应型项目，支持中法绿色投资合作，并加强对气候变化和环境风险的评估和管理。两国银行之间密切合作，进一步推动绿色金融发展。中法双方坚定承诺培育两国绿色债券市场发展，进一步强化银行、保险公司和资产管理公司等金融机构环境风险分析和管理。法方要求其机构投资者披露投资策略中对环境、社会和公司治理标准的考虑，特别是气候相关风险，以及资产配置如何与向低排放转型相一致。

### （三）双边合作领域的其他进展

2017年3月，泛美开发银行组织阿根廷、巴西、智利、哥伦比亚、牙买加、墨西哥、秘鲁和乌拉圭等拉丁美洲和加勒比地区的8国政府和金融机构来华访问，双方就发展本地绿色金融市场深入交流经验。中方介绍了中国绿色金融政策制定、地方实践、“一带一路”绿色化等方面的研究工作。9月初，联合国环境署率领蒙古代表团来华参加“绿色金融国际研讨会”，了解绿色金融的最新国际进展，并与中国金融学会绿色金融专业委员会及其成员单位开展经验交流。

作为引领绿色金融发展与国际合作的主要国家之一，2017 年英国与巴西建立了绿色金融合作伙伴关系，以推动两国可持续发展。英国还帮助墨西哥、尼日利亚、哥伦比亚和越南将国别减排承诺转变为商业计划，并与加拿大、美国和沙特阿拉伯等国开展绿色金融经验交流活动。

## 四、绿色金融多边合作

近年来，尤其是 2017 年以来，各国还通过其他现有多边平台或成立新的多边合作机制，就发展绿色与可持续金融积极开展多边合作。比如，国际金融公司支持的可持续银行网络（SBN）成员数量从 29 个增加至 34 个，各成员通过该平台交流经验，进行能力建设，帮助或指导各国制定可持续金融的政策体系或原则。

### （一）可持续银行网络扩员并发布首个《全球进展报告》

可持续银行网络（SBN）是一个由 IFC 支持，多国金融监管机构和银行业协会参与的国际平台，代表着有志于向可持续性金融市场转型的新兴市场经济体的金融行业监管机构和银行协会组成的团体组织。截至 2017 年末，SBN 有 34 个成员，较 2016 年增加 5 个，包括斐济央行、格鲁吉亚央行、巴西银行业联合会、巴拿马银行业协会和多米尼加银行业协会。SBN 由成员主导各自国家的可持续金融政策和原则，是改变金融机构行为的新型尝试。在大多数国家，这些政策和原则不是硬性规定，而是战略战术“方法”指南，用于帮助金融机构将可持续因素系统化地整合到商业战略和业务当中。2018 年 2 月，SBN 发布首份《全球进展报告》。该报告旨在向 SBN 成员提供实用信息，以帮助其制定本国的公共政策。报告不仅首次概括了各国为发展可持续金融所做的具体工作，还指出了各成员国需要进一步关注和改善的领域。

在借鉴了众多国际良好实践和 SBN 成员经验的基础上，各成员国商定了可持续银行网络政策评估框架。通过银行、绿色融资流动情况以及有利环境，来全面覆盖而且清晰深入地对国家可持续财政政策和原则进行环境和社会风险管理实践的评估。该框架由环境和社会风险管理要点、绿色融资流动点和环境绩效要点组成，可使各成员国根据自己的发展情况，确定自己的方法。

**（二）欧盟可持续金融高级专家小组发布最终报告**

2018 年 1 月 31 日，欧盟发布《可持续金融高级专家组最终报告》，分析了欧盟在制定可持续金融政策方面面临的挑战和机遇，提出了支持可持续金融体系的战略建议，以支持向资源节约的循环经济转型。

欧盟的可持续金融战略是资本市场联盟（CMU）行动计划的优先行动，也是实施《巴黎协定》和欧盟可持续发展议程的关键步骤之一。为实现《巴黎协定》目标，欧盟需要每年额外投资约 1800 亿欧元，金融部门在实现这些目标方面将发挥关键作用。欧盟委员会高级专家组（HLEG）于 2016 年 12 月成立，由来自欧洲和国际组织、金融部门、非政府组织和学术界的 20 名高级专家组成，帮助欧盟制定全面可持续金融路线图。报告指出，可持续金融需要两个必要条件：一是金融对可持续包容性增长与减缓气候变化的贡献；二是将环境、社会和公司治理（ESG）因素纳入投资决策以加强金融稳定。

**（三）八国央行与监管机构创设绿色金融合作网络**

该网络于 2018 年设立 3 个工作组，即审慎监管工作组、宏观金融分析工作组和发展绿色金融工作组，分别由中国人民银行、英格兰银行和德国央行主持。各工作组初期主要梳理各成员央行或监管机构当前做法和最佳实践。未来，该网络还将探索支持绿色与可持续金融发展的鼓励性措施，如欧盟已经提出的研究降低商业银行绿色贷款资本金要求的可行性。该网络还将扩大成员规模，以吸收致力于发展绿色或可持续金融的各国央行或金融监管当局以及相关国际组织加入。

## 第七节　明确金融机构的环境法律责任

### 一、商业银行的环境法律责任

商业银行的性质决定了商业银行在发展过程中要吸收储蓄、借贷和进行风险投资，追求商业利润。因此要规范商业银行的金融决策，要考虑到融资项目可能对环境带来的危害，要明确商业银行的环境法律责任，要在法律法规中明确商业银行对于所投资的项目环境影响需要承担的法律责任，保证金融资源流向可持续发展的绿色项目领域中，推动绿色金融的健康发展。

借鉴国外发达国家对商业银行的环境法律责任，我们建立商业银行的环境法律责任要做到以下几点。

①明确商业银行的法定义务，构建多方面的环境法律责任，赋予环境保护执法部门、非政府机构和个人起诉商业银行的权力。

②出台有效的操作性规划和具体实施意见，商业银行要对投资项目的环境风险进行审查，按照风险管理的具体要求和程序执行，最重要的是还要明确银行所要承担的法律责任。

## 二、绿色项目的环境信息披露

在绿色金融发展实践过程中，金融机构要在识别绿色投资项目的环境信息基础上，开发各种形式的融资工具，这样投资者才能准确地分辨出深绿型、浅绿型、绿色型和污染型的企业，加强金融机构对绿色企业的资金投入，保证资本市场良性运转。

环境信息披露就是要为投资者提供便利的投资金融工具，使资本市场向绿色产业和领域配置有效金融资源，也是强化企业承担环境对社会的危害、承担社会责任的有效手段，使企业增加对绿色项目的投资，增加对环保事业的公益捐助等。环境信息披露的主要内容包括如下几个方面。

①为投资者提供单个企业环境表现的信息。

②为资本市场开发绿色股票指数及相关产品。

③为资本市场开发绿色债券指数及相关产品，并向绿色债券投资者提供第三方评估和认证。

④开发各种绿色交易型开放式指数基金等基金产品。

## 三、推动环境信息披露的途径

①通过立法，强制要求上市公司和发行债券的企业披露环境信息。

②证券交易所和负责审批、注册债券的有关部门要通过具体规定，明确环境信息披露的内容和模板，要求其定量、定期披露。

③支持和培育提供环境信息分析的中介机构，强化其对企业环境信息披露的评价、监督、引导和激励作用。

④增强环境信息披露的监管与执法力度。对违反环境信息披露要求的企业，证券交易所应采取公开谴责、限期改正、罚款乃至退市等措施予以处罚。

## 第八节　财政贴息支持发展绿色贷款

### 一、财政贴息现状分析

绿色金融发展实践中的绿色贷款贴息，是用小部分的财政资金调动十几倍甚至几十倍社会资金，可以撬动民间资金对绿色领域的投资发展。与直接补贴相比较，财政贴息可以用少量的资金实现更大的社会效益，还能带动和整合社会闲散资金投入绿色环保项目中，在一定程度上还能减轻财政部门的管理和监督责任，把部分责任转移给银行或其他投资主体。

我国近年来在财政支出上也陆续出台了财政直接补贴类的财政政策和措施，不断加强对节能环保项目的支持力度，但是在财政贴息支持绿色项目领域的贷款方面运用较少。

从中央环保到地方环保的专项资金使用情况来看，大部分还是采用了直接拨款补助或者奖励的方式，部分地区虽然也鼓励并支持在重点污染和减排项目上用贷款贴息的方式，而实际上采用贷款贴息方式的地区和项目却很少。

### 二、德国相关案例分析

德国政府委托德国复兴开发银行对环保节能项目进行贷款贴息，取得了很好的效果，利用较少的资金调动了一大批环保节能项目的建设和改造。

①改善环境、提高能源使用效率。

②银行聘请了专家为融资方提供咨询和其他服务，降低了项目投资的风险。

③在能源效率领域的投资中，要求先投资后获得可再生能源贴息。

④支持节能领域捆绑打包信贷产品。

⑤适应现代化的科技发展，鼓励环保节能方面的创新和实践。

⑥发挥公共产品的示范效应，努力提高全民的环保意识。

### 三、我国贷款贴息运用情况

我国财政部门利用贷款贴息方式支持绿色节能环保项目运用很少，主要的原因有如下几点。

①财政部门认识不足，配置的贷款贴息财政资源有限。

②没有对贴息项目评估和监督的有效人力，也没有足够的专业能力扩大贴息的操作空间。

③政府部门对于绿色投资项目的申报材料和办理手续复杂，贴息贷款的主

体在实际操作中无法出示银行的相关证明。

④贴息利率和期限严格。

⑤在一定期限内的利息补贴较少，与企业申请过程中的较高成本形成对比，降低了企业申请贷款贴息的积极性。

## 四、健全贷款贴息机制

①丰富节能环保项目的贴息手段，扩大财政贴息资金在节能环保项目中的运用范围。

②提高财政贴息利率，对绿色项目贷款的贴息实行全额贴息。

③合理规划绿色贷款的贴息期限。

④借鉴国外成功经验，完善绿色贷款贴息制度。

# 第九章　中国金融业发展历程、表现、经济效应分析与未来战略选择

金融的发展离不开国家政策的支持，政策的方向引导着国家经济的发展方向，关乎金融市场的衰败和繁荣，了解我国金融发展政策的历史，分析政策对经济效应的影响作用，有利于我们选择合适的战略模式，以推动经济向前发展。本章分为中国金融业政策的发展历程和不均衡表现、中国金融发展的经济效应分析、中国金融发展的未来战略选择三部分。

## 第一节　中国金融业政策的发展历程和不均衡表现

### 一、金融业政策的发展历程

#### （一）金融压制政策

新中国的金融体制继承了解放区金融系统，是在接收原官僚资本金融系统和改造民族金融业的基础上进行合并和改组后重新构造而成的。新中国成立前旧中国金融体系是发育极为缓慢的、各地发展极不平衡的、在外国金融资本和官僚资本双重控制下的、残缺不全的金融体制。解放初期，新中国政府为了抑制恶性通货膨胀，击退投机风潮（主要是金融投机），在接收原官僚金融机构“四行二局一库”（即中国银行、交通银行、中国农民银行、中央银行、邮政储金汇业局、中央信托局、中央合作金库），并全部收归国有的基础上，关闭了证券交易市场，坚决打击各种金融投机活动，强化对金融机构的监督和计划控制。这种政府管制金融模式对恢复经济、稳定金融形势和集中调配信贷资金起到了一定的积极作用。之后，政府以中国人民银行为框架陆续在全国各地按行政区划设置了相应的分支机构，完成了私营金融机构的社会主义改造，对其他金融

机构进行了调整和归并。经过以上步骤，到1952年，国民经济恢复时期结束时，一个由中国人民银行统一领导的银行体制初步建立。银行体制的统一强化，形成了高度集中的信贷管理体制，其核心是统存统贷，由中国人民银行总行统一制订和执行信贷计划。与此同时，为了加强对资金的计划分配，取消了企业之间的商业信用，集中信用于国家银行，推行包括托收承付结算在内的一整套银行结算制度，建立了现金出纳计划，加强了对货币发行的管理。在1952—1958年间逐渐建立起与计划经济体制相适应的金融计划体制，从而使金融发展呈现典型的金融压制状态，其金融发展政策的核心是否定和取消货币金融作用，金融部门成为计划经济部门的配角和财政部门的出纳机关，负责执行国家计划部门所批准项目的资金供给和资金调配，本身没有任何自主权。金融体系内部也是实行纵向高度集中、统一的体制。中国人民银行作为中央银行和商业银行，掌握全国金融资产总额的93%，是全国的现金、信贷和结算中心，几乎所有的金融活动都是依托指令性计划展开的。这种体制在集中资金保证国家重点建设上有一定可取之处，表现为运行效率和决策效率很高，但受计划模式的制约，资金配置效率很低，甚至在大跃进期间，个别地区银行只贷不收，使金融体系的作用受到严重抑制。

对于货币在国民经济运行中的作用，计划经济体制下的一些理论工作者和政策决策部门机械搬用马克思主义经典作家有关从发达的资本主义经济过渡到社会主义经济时期货币将消亡的理论，极力主张取消货币；另外一些理论工作者虽认为在中国当时生产力水平和商品经济发展极为落后的条件下还一时难以消灭货币和信用关系，但同时又强调货币的作用已表现为含有非社会主义计划经济性质的消极因素，因而主张在经济生活中要尽量限制货币的作用。在这些思想支配下，我国实行了金融压制政策，具体政策表现为以下几点。

1. 金融机构和业务的高度垄断

金融业务全部由国家机关性质的中国人民银行独揽，其他金融机构全部取消，保险、信托等金融业务一律停办，虽然其间也曾一度恢复了建设银行和农业银行的经营业务，但并没有改变金融垄断的格局，并且中国人民银行从所有制关系、性质、地位、业务等方面看，都兼具中央银行和商业银行的职能，没有独立的金融监管机构。中国人民银行的业务也很简单，主要经办财政部门的出纳业务、原始的储蓄业务、转账结算和工商企业的超额流动资金贷款等，还不是真正意义上的银行。中国人民银行一度在一段时间内处于撤并状态，合并到财政部门，金融机构发展处于萎缩状态。以金融从业人员数量为标准来衡量，

1952 年金融从业人员数量为 34.4 万人，1960 年减少到 25.3 万人，1978 年恢复到 38.2 万人，占全社会职工总数的比重不到 1%。

2. 国家实行统一的利率管制政策

利率由中国人民银行制定，并长期保持不变，无法反映供求和资金成本的变化。1950—1957 年期间利率政策带有从不发达市场经济向中央计划经济过渡的特征。在这一阶段的初期（1950—1952 年），利率总的来说由金融市场决定。政府虽控制了银行部门，但私营银行仍存在，利率由政府控制并多次变动。1957 年以后，利率基本被冻结在低水平上达 20 年之久。

3. 国家实行严格的外汇管制政策

新中国成立后，国家实行外汇和外贸管制政策。政务院在 1950 年公布了《外汇分配使用暂行办法》，1951 年公布了《中华人民共和国禁止国家货币出入国境办法》，实行外汇供给和结汇制度。汇率成了编制外汇收支计划和进行外贸核算的会计标准，汇率机制对进出口贸易的调节功能基本上被取消。1952—1978 年间，汇率曾有过几次调整，但仍处于高估状态。

4. 取消金融市场、限制信用工具发展

由于资金配置由行政计划确定，故不存在金融市场，取而代之的是国家计划机制。与之相对应，金融资产和金融工具种类单一。除国家 20 世纪 50 年代发行过少量公债外，只有银行存款这种一资产形式，以及为数很少的信用工具，如存款凭证、转账结算凭证等，极大地限制了社会资金的融通。

从中国银行存款贷款统计上看，存款从 1952 年到 1978 年增长了 11.1 倍，平均每年增长 11.01%，而同期国民收入平均每年增长 5.9%，存款增长速度快于国民收入增长速度，银行存款余额占当年国民收入比重从 1952 年的 15.84% 上升到 1978 年的 37.69%，而同期贷款年均增长 11.5%，也快于国民收入增长速度。银行贷款余额占当年国民收入比重从 1952 年的 18.34%上升到 1978 年的 61.46%。说明尽管由于金融压制作用，金融仍有一定增长，对经济发展也起到一定推动作用，但这种作用的导向性比较差，一般只是被动适应经济增长而供应货币，和经济增长关联度较低。反映到社会积累机制上，就是积累主要是通过财政部门进行分配的，由金融部门供应货币；真正由金融部门进行分配的资金只占总积累额的 2%左右，这也从一个侧面反映了中国金融压制状况。

**（二）金融发展政策**

从 1978 年党的十一届三中全会开始，中国拉开了经济体制改革序幕。随着经济体制改革的不断深入，金融体制改革也逐渐展开。最初20世纪80年代的金融体制改革重点在于重建完整的金融体系结构，并在金融宏观调控政策和金融机制完善方面进行试点。1992年党的十四大确立了市场经济改革路线，党的十四届三中全会又进一步明确了金融改革的总体战略，从此中国金融业开始了范围广泛的金融改革进程，相应的金融发展政策主要表现为以下方面的巨变。

1. 建立了完整的金融体系

鉴于1978年以前金融机构类型单一，金融体系缺乏活力的现状，金融改革首先从放松市场准入限制入手。从1979年国务院批准设立中国国际信托投资公司开始，中国开始了大规模的金融机构重建工作，恢复和重建了一大批银行与非银行金融机构。以1984年中国人民银行行使中央银行职能为转折，中国开始向构建分工明确的金融体系迈进。20世纪80年代的金融体系改革主要在于金融机构类型的丰富与完善，引入更多的竞争机制，但竞争主要在非银行金融机构间展开，专业银行仍受较多的行收管制，并且没有合理划分金融机构业务范围，引发业务经营上的盲目竞争，造成宏观金融失控。为此，国家在对金融业进行整顿的基础上，对金融体系进行了业务范围划分，实行分业经营格局，建立政策性银行，分离专业银行政策性业务，专业银行逐渐向商业银行转轨。实行银行、证券、保险、信托分业经营，从而建立起分工明确的、有序竞争的、完整的、符合市场金融特点的金融体系。目前，已经基本形成一个以中国人民银行为领导，国有独资商业银行为主体，多种金融机构并存，分工协作的金融体系。

国家政策性银行的建立，初步实现政策性金融业务与商业性金融业务分离，随着其内部管理体制的改善，实现了与商业银行的合理分工，步入正常发展轨道。国家政策性银行已开始在支持国家重点建设、促进固定资产投资改革、加强粮棉油收购资金管理、推进机电产品和成套设备出口方面发挥重要作用。4家国有独资商业银行继续向现代商业银行转轨，加强内部管理，强化一级法人体制和总行对分支机构业务活动的统一调度，向集约化经营迈出了重要步伐。1996年国有独资银行全部进入世界100家大银行之列，其他商业银行也获得了进一步发展。1997年，政府实施组建城市商业银行的试点，开始向规范化的商业银行体制过渡。农村信用合作社正在按照合作金融原则进行规范，各类非银行金融机构也将进行业务重组和机构调整。金融体系不断完善和健康发展，促进了金融业务的迅速发展，为中国的经济改革和发展以及国家宏观经济成功调控做出了重要贡献。20世纪90年代以来，中国金融机构总资产每年以24.40%的速度递增。

2. 建立集中统一的金融监管体系

20 世纪 90 年代以前，中国的金融监管职能由中国人民银行承担，金融监管手段和力量都很滞后，金融检查以合规性检查为主。进入 90 年代以来，随着金融风险的扩大，国家加大了金融监管的力度，调整了金融监管机构职能。为适应金融业分业经营的格局，国家对金融监管范围进行了分工，中国证券监督管理委员会主要负责证券市场和证券公司的监管，中国保险监督管理委员会主要负责保险业的监督，中国人民银行主要负责银行及其他非银行金融机构的监管。为了强化金融监管职能，金融监管机构进行了组织结构的调整，实行垂直集中领导体制，按大区设立分支机构，以排除地方保护主义的干扰，建立强有力的、集中统一的金融监督体系。与此同时，国家颁布了《中华人民共和国中国人民银行法》和《中华人民共和国证券法》等金融法规，从法律上赋予相关机构金融监管的权限。尤其是鉴于 1997 年亚洲金融危机的教训，更强调了金融监管职能的重要性，金融监管开始以风险监管为主。中国证监会自 1995 年以来，不断强化对证券市场监管力度，改进交易制度，加强了信息披露制度建立，加大了对违规操作的处罚力度，使证券市场的投机活动得到有效抑制。中国人民银行的金融监管工作也取得了很大进步。自 1993 年以来，金融监管程序和手段日益完善，初步扭转了金融失控的局面，特别是从 1997 年以来，中国人民银行关闭了一些资不抵债的金融机构，防止了金融风险的扩散；积极引入国际监管办法，强化对银行资产负债结构和信贷质量的监管，并积极推动商业银行建立风险约束制度和风险价值评估体系，改革贷款审批制度。同时，中国人民银行还通过发行 2700 亿元特别国债，补充四大国有商业银行资本金，使资本充足率达到巴塞尔协议所要求的 8%水平，增强了商业银行抵御风险冲击的能力。

3. 建立完善的宏观调控体系

计划经济时代以信贷计划作为主要的货币政策工具，金融调控手段极为有限。随着金融业发展和银行管制放松进程的推进，中国人民银行开始尝试引入一些间接货币政策工具，如准备金、再贷款、再贴现等，但是由于金融机构经营机制没有转变，金融市场不发达，限制了其作用的发挥，使得中国人民银行更多求助于信贷计划和直接行政管制来推行其货币政策目标。1992 年以后，国家加快了向使用间接货币政策工具过渡的步伐，1998 年取消了商业银行贷款规模限额控制。金融宏观调控已由直接的行政调控为主逐步转向直接调控和以市场为基础的间接调控相结合、以间接调控为主的方式。货币政策中介目标从主要依赖信贷规模转向调控货币供应量，中国人民银行开始利用货币信贷政策、利率政策、存款准备金、再贷款、公开市场操作、再贴现等货币政策工具，调控货币供应量，稳定人民币币值。金融宏观调控力度的驾驭以及调控方式的不断改进，使中国自1993年下半年以来，以治理通货膨胀为首要任务的金融宏观调控收到了显著成效，国民经济“软着陆”取得了成功。特别是进入1998年以后，面对亚洲金融风暴的冲击，中国人民银行通过积极的货币政策手段，如降低利率、降低存款准备金率、加大货币供应量等，在保证经济的稳定增长方面取得了明显成效。

4. 大力推进金融市场的发展

中国金融改革的市场化进程首先体现在金融市场建设上。为此，积极推进各类金融市场的发展，加快资金融通速度，增加资金总量，为经济发展创造良好的融资环境。

随着20世纪80年代金融改革的推进，货币市场有了一定发展。1984年，一些城市试行了同业拆借。在开始的几年，这些同业拆借市场交易量迅速增长，但违规拆借行为也明显增多。面对这种形势，中国人民银行于1990年对同业拆借进行了规范，业务种类逐步多样化，分割的地方市场开始统一。1996年，全国统一的银行间同业拆借市场交易网络系统开始运作，并由拆借双方根据市场资金供求情况确定拆借利率，促进了利率市场化。银行同业拆借市场目前已成为中国金融市场中规模最大的市场。到1996年末，全年累计交易量达5872亿元。中国的票据市场以商业汇票为主，1996年全国商业汇票单方发生额达4000亿元，全国累计办理银行承兑汇票3545亿元，商业银行累计办理贴现1955亿元，再贴现1160亿元。1997年3月，中国人民银行对4家国有独资银行开办再贴现业务，再贴现逐步成为中国人民银行实施间接金融调控的重要工具。

从资本市场看，中国从20世纪80年代开始允许企业发行债券，以后逐步扩大了金融债券、大额存单和企业股票的发行范围，并于1991年建立了证券交易所。目前以债券和股票为主体的、多种证券形式并存的、包括证券交易所和市场中介机构的交易体系已经形成。

外汇市场随着外汇体制改革的深入也有了一定的发展。20世纪80年代，各地相继成立了外汇调剂中心。到1992年，调剂中心交易量平均每年增长30.40%，1992年交易量为250亿美元。1994年中国实行汇率并轨改革，建立了统一的外汇交易中心，外汇市场开始向规范化方向发展。1996年底，银行间外汇市场累计成交额为628亿美元。

5. 积极进行利率政策改革

1978年以来，随着金融机制的完善，利率在调节资金供求、促进经济发展方面的作用不断增强，中国人民银行开始把利率政策作为调节经济发展的主要手段加以灵活运用。从1979年中国人民银行调整利率为转折点，利率弹性不断增强，进入20世纪90年代以来，利率更是作为重要货币政策工具成为金融市场的重要价格信号；在调整利率的同时，国家对利率结构也进行了调整，赋予金融机构一定的贷款利率浮动幅度权利。从1995年开始，国家加快了利率市场化进程，目前的同业拆借利率和证券市场交易的国债利率均已经实现了市场化。并且存款利率经过调整，已改变了负利率状况，初步扭转了利率压制局面，为扩大利率改革范围创造了条件。

6. 积极推进外汇管理体制和汇率政策改革

在改革开放前，国家实行外贸垄断和外汇管制。20世纪80年代以后，为了促进外贸出口，从1981年开始允许外贸出口企业外汇提成。1986年，各地开设外汇调剂中心进行外汇交易，汇率变化开始有了一定弹性。到1994年，国家进行外汇制度改革，实行外汇收入结汇制，取消外汇分成；实行银行售汇制，允许人民币在经常项目下有条件可兑换；建立银行间外汇市场，实行人民币汇率并轨，从而实现了由双重汇率体制向单一有管理浮动汇率体制的过渡。实行汇率并轨扩大了中国进出口贸易，扭转了贸易逆差的状况，改善了经常项目收支，外汇储备明显增多，到1998年已突破1400亿美元。人民币汇率并轨后，汇率稳中有升，从1994年年初的1美元兑8.7元人民币，到1996年以后一直稳定在8.3元左右，尤其在1997年亚洲金融危机中，人民币汇率保持坚挺，成为维持亚洲金融稳定的重要因素。

人民币汇率改革的成功，使中国于1996年实现了人民币经常项目可兑换，标志着中国金融发展有了一个质的飞跃，为下一步资本账户自由可兑换创造条件。

## 二、金融业发展不均衡表现

### （一）金融发展数量、质量和效率的失衡

在金融资产数量迅速增长的同时，金融资产质量提高缓慢，甚至下降。很多银行不良资产比率急剧上升，部分金融机构处于破产状态，先后出现海南发展银行、广东国际信托投资公司等金融机构倒闭的恶性事件。金融机构效率低，经营方式基本上处于粗放经营状态，金融机构所有权和经营权的改革亟待进行。

## （二）金融开放与金融深化进程失衡

作为一个发展中国家，中国金融开放进展相当快，不仅有相当数量的外资银行和其他金融机构进入中国设立办事处及分支机构，而且他们开放的业务领域不断扩大，对中国金融业造成强有力的竞争冲击。同时中国的金融机构也已开始走出国门，到海外设立分支机构，甚至有失控的趋势，若不加强监管，很可能导致外债结构和数量的失衡，甚至将国外经营风险传导给国内金融机构。广东国际信托投资公司的破产就是这种失控的产物。相比之下，中国国内金融体制改革却相对缓慢，虽然已经成立了政策性银行，但国有商业银行经营自主权仍没有完全落实，国有银行商业化进缓慢，承担着大量的行政干预贷款，导致国有银行资产质量恶化、不良资产比率不断上升、经济效益持续下降。这样，当他们与大量没受国家直接干预的非银行金融机构、外资银行进行竞争时，很可能导致风险外溢，影响社会稳定。另外，金融发展政策的推进也不均衡。在社会市场化程度已相当高的情况下，利率市场化进程却一直缓慢，不仅制约了金融深化的进程，而且在金融开放程度已相当高的情况下，僵化的利率体制承受着巨大的资本流动冲击，增加了通过利率政策进行宏观调控的困难。

## （三）金融市场发育不均衡

市场机制和市场监管制度不健全，无法适应经济发展与金融开放的需要。从金融市场结构看，证券市场发展十分迅速，现已成为中国居民投资的一个重要渠道；而货币市场发育十分缓慢，不仅交易总量增长有限，而且金融工具种类单一，仅表现为同业拆借市场的独家繁荣，商业汇票、本票、贴现及大额定单的交易则没有形成规模，证券回购业务开展也较少，无法满足金融机构间融资的需求。

证券市场内部发展也极不均衡，债券市场发育缓慢，股票交易呈高度投机性发展，市场交易制度和监管体系不健全，以及企业经营机制改革滞后又加重了投机的发展，导致金融市场主体行为与责任不对等、市场资源配置低效率与高投机、市场秩序混乱以及市场发展受到严重抑制等问题。过度投机、操纵市场、制造虚假信息等现象屡有发生，社会资金出现不正常流动。为了抑制金融领域的风险，政府往往不得不采取行政干预手段硬性介入，在稳定秩序的同时，也抑制了市场的正常发展。

# 第二节　中国金融发展的经济效应分析

## 一、中国金融结构与金融效率

### （一）中国金融货币化水平与金融结构

衡量一国货币金融发展水平的重要指标是货币化比率。改革开放之初（1978年）中国货币化水平很低，仅为29%。改革开放以来，中国的货币化比率有了惊人的进展。1978—1996年间，货币化比率提高了83个百分点。这一指标不仅远高于一般发展中国家，而且高于很多发达国家。如1995年中国为105%，而同期美国的水平为59%，英国104%，日本114%，德国70%，印度尼西亚40%，韩国44%，马来西亚89%，泰国79%。按照西方发达国家货币化比率水平，中国在1985年已经实现了经济货币化。

在20世纪80年代中期，经济改革通过以下几个渠道导致了迅速货币化：通过增加居民和企业的交易需求；通过在农村引入生产责任制，使成千上万的农民进入市场，使用现金进行交易；通过迅速发展的个体经济和私营经济；通过迅速增长的自由市场。

中国经济在1979—1985年间迅速货币化。虽然这一时间内超额货币供给年平均为13.5%，但是通货膨胀率却很低，这表明超额货币供给的绝大部分都被新货币化的经济所吸收了；而在1985—1989年间，货币化进程有所放慢，虽然超额货币供给年平均已比前一时期下降许多，通货膨胀率却高了许多，这表明经济已经不能再像1979—1984年那样迅速地吸收超额货币供给，结果，超出真实国民生产总值增长率和货币化增长率之外的额外货币供给导致了较高的通货膨胀。经过三年（1989—1991年）疲软之后，随着新一年改革开始，货币化和金融深化进程又开始启动，货币化比率提升，但是，增长速度显著放缓。可以预计，以后该比率也不会有太高的增幅，从而表明金融发展的货币化阶段已经结束，金融发展开始由数量型向质量型转变。同时也表明，货币化收益开始下降，经济发展已经不能完全吸收如此高速增长的货币供给。而在1986—1993年，这种货币化收益平均为国民生产总值的5.4%，实际货币发行收入累计达8447.2亿元。这笔巨额的货币发行收益无论对处在下降过程中的中央财政还是对陷入困境的效率较低的国有经济都是一种及时而有力的“补贴”，有助于减轻改革阻力，增加对改革绩效的鼓励。而当时处于垄断地位的国有银行是这种收益的最大受益者，这一阶段银行资产迅速增加。但这种收益也强化了银行的粗放经营意识，不利于银行经营机制的转变，也诱导了国家对银行的控制。随着货币化收益的下降，国家再扩大货币发行势必将导致通货膨胀，由此限制了银行资产的扩张，使得在前一时期积累的不良资产风险开始上升，银行发展进入艰难时期。如果银行仍幻想国家注资来降低呆账比率，而不靠转换经营机制来降低经营风险，是不切实际的，也是没有出路的，不能及时适应这种转变将面临被淘汰的危险。

衡量金融发展的另一个重要指标是金融相关率。中国经济已经在货币化基础上实际了金融化。20世纪90年代金融相关率指标已经接近美国和德国水准，而远高于其他发展中国家，这在一个发展中的大国是极为罕见的。这既说明中国的金融业经过改革和开放有了迅速的发展，也不排除中国金融的泡沫资产成分。到底这种金融相关率的提高是数量增长的结果还是效率提高的结果，还得通过效率分析来证明。

### （二）中国金融宏观效率

为了分析中国的金融效率，我们可以从中国通货—经济比率和货币乘数来分析。中国通货—经济比率呈持续上升态势，而在金融发达的国家，该比率将持续走低。这既反映了中国居民的现金偏好，也反映了中国金融服务效率、结算效率与金融工具创新方面与发达国家的差距。但可喜的是，该比率在1995年以后开始缓慢回落，反映了金融效率改进的结果。从货币乘数看，中国的货币乘数虽然有了缓慢的提高，但与发达国家相比有较大差距。即使与同期的发展中国家相比也毫无优势可言。美国1990年货币乘数为11.38，而中国同期为2.29，2018年二季度货币乘数虽然有提高，但仅有5.6左右，由此可见中国金融信用创造以及金融作用效率的差距。为此，中国金融改革应从提高金融效率入手推进金融发展。

金融结构是衡量金融体系发展水平的又一指标。从统计结果看，中国金融资产总量1978年仅为3048.3亿元，到1996年已达148113.4亿元，平均年增长24.1%，2015年底，约有128万亿元，远高于同期国民生产总值的增长速度。改革前，除流通中的现金和银行存款外，几乎没有其他形式的金融资产。在1978年，居民储蓄存款总额为210.6亿元，只占国民生产总值的5.9%，当时国民储蓄绝大部分来自政府。国家是储蓄主体，也是投资主体，因而不需要金融中介。国有固定资产投资主要来自财政拨款，银行贷款主要作为流动资金。银行的贷款也主要来自政府和国有企事业单位的存款，占银行存款总额的83.8%。到了1996年，居民存款总额达38520.8亿元，占GDP的57.0%，

2018 年全年居民存款增加 7.2 万亿元，居民成了国民储蓄的主体。金融资产的控制权分散了，由中央政府所有和控制的金融资产比例稳定地下降，由居民、企业、金融机构和地方政府所有的比例增加了。在金融资产构成中，1978 年信托机构贷款、政府债券、企业债券、股票等均为零，而在如今已经不存在这种现象。这表明，经过金融发展，至少引进了 5 种新的金融工具：金融债券、非银行金融机构存贷款、政府债券、企业债券和股票。但是，中国证券市场发展仍处于初期阶段，尽管引入了债券和股票融资，主要的融资渠道仍是贷款。

### （三）中国金融机构效率

第一，考察金融机构信贷支持率（国内信贷 / 国民生产总值）。据统计，1978—1990 年，银行信贷支持率不断提高，反映出银行对经济发展支持力度的不断提高。而 1990 年以后，银行信贷支持力度开始缓慢下降，这反映了社会融资渠道的多样化，特别是证券市场的发展，降低了对银行信贷的依赖度。

第二，分析银行的竞争效率和服务效率指标。据统计，1981—1996 年，中国金融机构总的规模明显扩大，增加了 2.19 倍，平均每年新开设的金融机构有 7393 家，并且种类不断丰富，说明中国金融体系进一步完善了，服务效率有了一定提高。尽管金融机构已多样化，但国家银行在金融部门中所占的比重不但没有下降，反而由原来的 45.94% 提高到 69.89%，说明中国金融机构分布的集中程度提高了，国有商业银行通过竞争加强了市场份额，但应提防这种营业网点扩张所带来的粗放式经营的负面效应。

通过对金融机构分布密度的统计可以看出，中国金融服务效率的变化在 1989—1996 年间表现为每万人拥有的金融机构数由 1.41 提高到 1.87，考虑到人口增长因素，这种提高已经十分可观；平均每人拥有的金融机构金融资产数量也由 137.92 元提高到 4396.01 元，增加近 2.19 倍，它表明中国国民的金融意识和金融机构的服务能力都大大提高了。

为了分析各类金融机构在经济发展中的作用，我们以中国各类金融机构拥有的资产在金融机构资产总量中的比重，以及各金融机构存、贷款之比为数据进行分析。根据统计结果显示，1990—1996 年间，国家银行拥有资产占金融机构资产总额的比重变化不大，平均水平为 86.19%，仍保持着绝对的优势；金融信托机构与保险公司所占资产比重平均为 3.11% 和 0.56%，变化也不大；7 年间提高最快的是国家银行以外的其他银行，其资产比重由 0.33% 提高到 5.65%，提高了 16.12 倍；7 年间资产比重降低最快的是农村信用合作社，降低了 1.9 个百分点。这表明，尽管存在非银行金融机构的竞争，国有银行通过自身强化竞争意识，巩固了金融信贷份额。这是国有银行发展的良好开端。而且，从各金融机构存、贷款比例的统计结果也印证了这一点。从 1995 年开始，国有银行改变了存贷逆差，存贷已成存差达 1956 亿元。由此说明，国有银行约束机制已初步形成，改变了十几年来形成的超额贷款，并倒逼中国人民银行再贷款的格局，开始注重信贷风险，把效益作为银行发展的首要目标。

### （四）中国金融市场效率

金融市场由资本市场和货币市场构成，其中货币市场发育相对缓慢。目前我国货币市场已经有了同业拆借市场、商业票据市场、短期国债市场、大额定期存单市场和短期借贷市场等。同业拆借市场是目前我国发展较为成熟的货币市场。从全国来看，一是同业拆借资金量增加较多，据不完全统计，截至 1995 年末，同业拆借资金量比 1994 年增长 85%左右；二是同业拆借资金的投向、数量和期限基本趋于合理。各商业银行同业拆借量所占比重最高，约为 94%，对非银行金融机构的拆借仅为 6%。我国商业票据市场作为金融市场融资活动的组成部分，始于 1981 年在上海的试点，但由于观念陈旧、宣传不力、体制不完善和法规不健全等原因，导致票据这种安全、灵活、低成本的投融资工具发展缓慢。近年来商业票据市场有一定发展，1995 年企业累计收受银行水兑的商业汇票达 2424 亿元，商业银行对商业汇票累计办理贴现 1412 亿元，中国人民银行累计办理再贴现 844 亿元。短期国债市场则刚开始启动。1995 年首次通过招标方式发行一年期记账式国债，发行结束后，即可进入集中性交易场所和场外流通转让。1996 年财政部发行了 3 期 1 年期以下的短期国债，发行对象主要是专业银行和商业银行。短期国债的发行配合了中国人民银行于 1996 年 4 月 1 日开展的国债公开市场业务操作。我国的大额定期存单于 1986 年由上海交通银行首先发行。1987 年初，中国人民银行制定了《大额可转让定期存单管理办法》，并批准在全国推行这项金融业务，但交易额极少。由于我国货币市场建设严重滞后于资本市场，通过货币市场直接融资的比重过低，无法发挥调节资金结构和流向的作用。因此，应把货币市场规范与发展列为近期金融改革的重点。

要进一步规范和发展同业拆借市场，包括规范入市拆借的主体与行为，加强同业拆借市场监管，以同业拆借利率市场化为契机推动市场改革，同时完善短期国债市场，扩大国债发行规模，调整国债持有者结构，优化国债期限结构，使主要由银行、非银行金融机构及各类基金组织组成的机构投资者成为国债持有的主体。增加短期国债的品种和数量，提高短期国债在国债发行总额中所占的比重，满足中国人民银行开展公开市场业务操作的需要。加快发展商业票据市场，逐年扩大贴现放款比重，减少信用放款。同时积极鼓励和引导商业票据的转贴现。中国人民银行也要扩大再贴现业务，使再贴现总量在信贷总量中所占比重逐年上升，再贴现利率成为中国人民银行重要的货币政策工具。

自从1991年开设证券交易所以来，证券市场发展十分迅速，股票市场价值占GDP的比重从1991年的0.51%上升到1996年的14.52%，初步缓解了间接融资与直接融资的比例失衡，证券市场已成为国有企业一条重要融资渠道。但与其他国家相比，证券市场发展深度尚有较大差距。

由于股票市场本身的不完善以及居民传统的投资观念的影响，我国社会闲散资金绝大多数仍然流向了银行储蓄，股票市场所聚集的社会资金相对较少。据统计，1995年底我国城乡居民储蓄存款为29000多亿元，而同期上市公司股票市价总值只有3474亿元，其中城乡居民股份不到1000亿元，只相当城乡居民储蓄存款的3%。我国股票市场市值占同年GDP的比重约为10%左右，远低于美、日等发达国家以及马来西亚、新加坡、泰国等周边国家。且股票发行和上市仍然受政府计划的严格约束，股票市场难以满足企业的筹资需求。

如果从资本市场效率标准来判断，中国现在的资本市场是无效率的。资本市场的无效率主要表现在证券价格的大幅波动以及与企业真实价值的背离。从统计指标上主要表现为转高的换手率和市盈率，以及上市公司业绩的不断下滑，从而使中国证券市场表现出很高的投机性。

总之，几十年的改革开放，使中国金融业获得了迅速发展，主要表现为金融机构数量上的迅速增长，而且效率也有一定的改观，金融机构的发展效率和竞争效率都有长足进步。但是，金融业整体发展不均衡，金融风险也开始增大，影响了中国金融业整体竞争力的提高。瑞士洛桑国际管理学院对全球金融竞争力的排名，中国1997年在全球46个国家的统计中，综合金融竞争力排到第40位，尤其是股票市场效率、银行业效率与资本效率的排名明显落后，只有个别金融总量指标排名靠前。《2017—2018年全球竞争力报告》对全球137个经济体做出指数排名，中国全球排名第27位。中国应以提高金融效率为突破口，不断深化金融改革，使金融发展走上高质量、高效益的发展轨道。

## 二、金融开放的经济效应

中国从20世纪80年代初对外开放以来，金融开放程度不断扩大。根据金融开放程度统计显示，中国金融开放的发展是十分迅速的。外资流入，特别是直接投资的流入有力地支持着中国经济的快速增长。1994年汇率改革的顺利进行，经常项目实现了顺差，扭转了80年代以来经常项目长期逆差的不利局面，实现了经常项目与资本项目双顺差，国际储备大幅上升，到1998年已突破了1400亿美元大关，居世界第二位。巨额国际储备成为人民币汇率稳定的保障，从而保证了中国免受1997年亚洲金融危机的冲击，维护了国内金融形势的稳定。

**（一）金融开放以外国直接投资的大量流入为最主要表现**

1984年外商直接投资占实际利用外资的比重为46.51%，到1995年外商直接投资占实际利用外资的比重提高到77.95%，比1990年上升了44.06个百分点，平均每年上升1.88个百分点。与此呈鲜明对照是对外借款的比重迅速地下降，对外借款占实际利用外资的比重从1992年的41.20%下降到1995年的21.46%，共下降了19.74个百分点，改善了中国对外债务结构。直接投资属长期资本流入，避免了短期资本流动对中国金融的冲击。外国直接投资流入缓解了中国资金紧张局面，其在固定资产总投资中比重由1985年的5.37%上升至1995年的20.08%，对经济发展起了很大推动作用，特别是对出口的增长作用更为明显。根据外国直接投资与出口的比重统计显示，从1993年开始，由于外国直接投资的流入，其占出口量的比重迅速上升，说明大量三资企业的外国直接投资已成为出口增长的重要推动力。

尽管外国直接投资的迅速增长推动了经济发展，但从外国直接投资占国内资本形成率指标看，外国直接投资对国内金融发展的贡献率还不高，这一方面与外国直接投资的短期效应有关，另一方面也说明中国资本市场开放度不高，外国资本无法通过股权投资参与中国企业的资产重组活动，限制了外国直接投资参与中国经济发展的深度。只有对外融资从以政府信用为基础转向以企业信用为基础，从间接融资转向直接融资，才标志着外国直接投资的质的飞跃。

在中国的外商直接投资中，一共存在着5种不同的制度安排类型，即独资经营、合资经营、合作经营、合作开发和共同开发。合作经营、合作开发和共同开发只是契约式经营安排，其主要目的是在所规定的时间内，合作双方分享经济资源的使用，不涉及股权的划分和分配。虽然从现代企业理论的角度看，分享经济资源的使用等于分享剩余索取权，但是这并不是长期行为，而且合作经营、合作开发和共同开发往往并不总以资金投入为存在的前提，更多的是以物资设备、技术和管理为基础的。因此可以说合作经营、合作开发和共同开发不能等同于资本市场的开放。在所有的5种制度安排类型中，只有独资经营和合资经营要求明确股权的划分和分配，从现代企业理论的角度看，这两种类型不仅要求剩余索取权，而且要求剩余控制权，其实质就是资本市场开放。目前中国已通过 B 股、H 股、N 股等间接开放了资本市场。到 1996 年底通过发行 B 股筹资 30 亿美元，通过 H 股和 N 股筹集外资 49 亿美元，但这些渠道比较曲折，影响了投资者的积极性。在外商直接投资份额不断上升的过程中，股权投资已成为直接投资的主要类型。1986 年股权投资在外国直接投资中的份额首次达到了 50%，随后累积的股权投资一直保持持续上升，1991 年股权投资在外国直接投资中份额达到了 80%，以后一直保持这个水准。但由于没有开放资本市场，不利于投资规模的进一步扩大和降低投资风险。因此在股权投资成为直接投资主要形式的背景下，中国应适度加大资本市场开放力度，拓宽外国投资者投资领域和融资渠道。

### （二）金融开放要注意防范外国资本流动的冲击

由于中国目前仍实行资本账户管制，外国短期资本流动的冲击比较小。一方面，中国的短期资本的投资领域严禁外资涉入；另一方面，短期资本流动所需的外汇交易是禁止的，即使这些短期资本以各种形式进入国内市场参与投机炒作，但资本汇出仍会面临很大困难，无疑会限制其影响的扩散。对于长期资本的国际流动，中国也实行着较为严密的管制。由于中国奉行积极吸引外资的政策，除了一些特殊行业限制或禁止外商投资以外，国际长期资本流动基本上是自由的。但由于直接投资大多形成大额经营性资产，不易流动，也不大可能产生大的金融风险。对国际商业贷款，在中国必须办理严格的审批手续，这些审批多能综合考虑项目的收益前景及其偿债能力，并有一些后续监督措施，且多为生产性项目贷款，专款专用，在中国良好的外债监控体系下也不会产生大的金融风险。而对外发行债券的管理更严格，尤其涉及一个资格问题，经过重重筛选，风险冲击也限制在一定范围内。中国的资本市场国际化程度较低，证券投资的资本流动性冲击较小。总体上来看，中国的国际资本流动自由度不大，这与泰国等东南亚国家是不同的。

中国的对外债务总体情况是良好的。中国对外筹资渠道不断拓宽，筹资方式趋于多样化，包括外国政府贷款、国际金融组织贷款、国外金融机构贷款、买方信贷、外国企业贷款、在华外资银行贷款、对外发行债券、国际金融租赁、补偿贸易等。中国按照产业政策，结合多类贷款规定所提供的可能性，坚持把中长期国外贷款用于生产性投资，重点支持基础设施、基础工业和支柱产业，积极发展出口创汇产业，取得了良好的效益。中国注重加强债务风险的管理，使短期外债从 1985 年的 41%下降到 1994 年的 11.2%，大大低于 25%的警戒线。

进入 20 世纪 90 年代，中国每年还本付息额增至 100 亿～ 200 亿美元之间，债务率在 81%左右，偿债率在 10%以内，由于在审批过程中加强了对债务币种、期限、利率和市场的管理，降低了外债风险，各项风险值远低于国际警戒线和发展中国家平均水平。整个“八五”期间，中国外债规模增长速度开始下降，比“七五”期间回落 10 个百分点，外债过快增长得到控制。债务率 1994 年降至 69.9%，偿债率 1995 年降为 7.3%，自 1992 年以来下降的势头保持良好。短期外债开始回落，债务人风险防范意识不断增强，同时对外债偿还的管理也在加强，地方和部门开始建立偿债基金，以增强偿债能力。从目前看，中国外债已基本渡过高峰期，不太可能引发金融系统风险。在进出口贸易方面，由于资本项目严格管制，存在出口结汇制度和进口批汇制度，不大可能造成大的金融波动。

因此，只要中国保持充足的外汇储备和合理的债务结构，保证对外支付信誉，中国的金融开放风险就会降至最低。当然，这是在资本项目管制下取得的低水平的稳定，中国金融业整体素质还无法适应资本开放情况下的冲击。

尽管资本管制条件下资本流动冲击较小，但仍会以曲折形式进行，其中主要表现就是资本外逃。1987—1995 年，中国资本外逃额在 700 亿美元左右，资本外逃额占外债增长额的比重达到 81.7%，大大超过 20 世纪 80 年代外债负担最沉重的 9 个发展中国家 40%的平均水平。资本外逃现象在 20 世纪 90 年代表现更为明显，1990—1995 年外逃资本高达 665.73 亿美元，占外债增长额比重高达 109%。这种资本外流使得中国成为位于委内瑞拉、墨西哥、阿根廷之后的世界第四大资本外流国。根据国家外汇管理局数据显示，2018 年上半年中国资本外逃额仍然很庞大，达到384亿美元，外流资本总是以外汇流失的形式发生，这在一定程度上会对我国汇率的稳定形成一定压力，从而孕育潜在的金融风险，只是由于近年来经常项目的持续顺差和资本流入增多才使资本外逃的消极影响得以控制。随着东亚金融危机逐渐波及中国，中国出口压力增大，维持经常项目顺差已很困难，外汇储备增势很难保持，资本外逃的影响可能日益扩大。因此要加快国内投资环境和金融环境的改善，保持对资本的吸引力，最大限度地抑制资本外逃。同时对部分化公为私的资本外逃，要通过加强对国有企业的财务监督予以解决。

# 第三节　中国金融发展的未来战略选择

## 一、中国金融发展战略模式选择

尽管中国金融经过了几十年的改革，但在关系中国金融发展战略模式选择上仍有不同的发展思路，以致中国金融发展屡经曲折，至今仍没有走上良性循环轨道。因此，有必要总结中国金融发展模式。

### （一）金融与经济的协调发展问题

关于这个问题曾有不同意见。一种意见认为，应实行金融超常发展战略，以金融的改革来带动经济发展。另一种意见认为，金融改革是经济改革的一部分，经济改革是金融改革的条件，没有经济改革作基础，金融改革就难以起步。争论的核心是金融发展选择超前、滞后还是正常发展战略。作为争论的结果，国家选择了适度超前发展战略。作为这种战略的反映，国家在 20 世纪 90 年代大大推进了金融发展进程，但却忽视了与其配套的经济条件和金融发展顺序。结果在 20 世纪 90 年代中期引发金融混乱和泡沫经济，1997 年泰国金融危机也证明了金融超常发展战略模式的不可取性。即使通常作为金融超常发展模式成功范例的日本也在 90 年代因泡沫经济陷入经济萧条之中。另外，许多符合市场金融发展规律的金融改革却一直没有多大进展，如仍存在对金融机构的行政干预，银行经营机制改革滞后，利率机制受抑制，资本市场发展迟缓，市场准入仍受到严格限制，金融体制改革呈滞后状况，金融监管制度建设滞后于金融发展，金融发展不均衡，既限制了金融发展的作用，又易使金融发展失控，引发金融危机。

因此，在未来中国金融改革中，应实行金融与经济协调发展模式，即实行金融可持续发展战略，注重金融发展的宏观经济环境与微观经济基础构筑，保持金融发展速度大致与经济发展速度相一致。特别是在 20 世纪 80 年代以来金融超高速数量型发展的基础上，今后的金融改革应注重金融发展效率的提高和金融体制的创新，并着重纠正前一时期金融发展的不均衡状态，使金融发展与实质经济发展协调起来。为此要认真研究金融总体发展顺序以及每一发展阶段应具备的条件，依次推进金融改革，避免由于金融发展失衡引发金融失控和金融抑制。

### （二）间接金融与直接金融发展关系

20 世纪 80 年代以来中国一直实行以间接金融为主，积极发展直接金融的发展战略。但时至今日，直接金融发展缓慢，不仅金融市场发育失衡，而且市场建设滞后，市场呈高度投机性发展，难以有效承担起融资的重任。在储蓄—投资转化机制中，主要由银行，特别是国有银行承担起主渠道作用，由此相应的金融风险也过分集中于银行身上。

这种建立在国家信用垄断、国有银行对国有企业资金供给基础上的储蓄—投资转化机制，从居民角度说，无法根据自身的风险、收益偏好选择相应的金融工具，只能消极被动地选择银行存款，使资金进入国有银行体系，而无法选择效益更高的投资渠道。从企业的角度说，这种垄断性的单一间接融资形式，必然使国有企业越来越依赖于外部融资，而且主要是依赖于银行贷款，造成国有企业资产负债率过高和资金运用上的浪费，而且还会使金融资产、负债的结构不平衡。由于近年来国有企业负债持续增加，为了从宏观上维持一定的经济增长速度，从微观上缓解国有企业的资金流动性问题，只能依靠银行贷款的大量增加，出现恶性循环的局面。从政府的角度说，这种垄断性的单一间接融资形式使得绝大部分储蓄集中在由国家信用支撑的国有银行，并通过国有银行以较低的效率转化到效率较低的国有企业。在整个过程中可能发生的风险都将由政府来承担，最终导致国家金融风险上升，影响社会与经济的稳定。在城乡居民成为主要的储蓄主体时，相应的投资机制并没有随着这种储蓄和投资者分离的原则而及时调整，导致形成金融与经济的高储蓄—高贷款—高积压—高拖欠—高亏损—低效益的不良循环。由于金融资产总量中银行资产占有过大的比例，银行资产中贷款又占过大的比例，这就必然极大地制约着金融资产整体市场化程度的提高，影响了不同种类金融资产之间的变换和流动性，从而不利于金融资产配置效率的提高，成为诱发金融危机的源头。在市场经济条件下，随着经济发展，对直接融资需求越来越强烈。要从根本上克服上述融资体制所造成的负面效应，就必须加快直接金融发展速度，通过金融市场的调节来实现资金的合理配置，以逐渐实现社会融资结构的合理分工——短期金融由银行提供，中长期金融由非银行金融中介和金融市场提供，从而适当分流银行风险，以利于银行资金结构的调整。

### （三）银行与政府、企业的关系

在过去的金融改革中，一直强调政府减少对银行的行政干预，但没有把它放在金融发展战略上来认识其危害。韩国的金融危机促使我们反思银行、政府、企业紧密结合的弊病。

1. 银行与政府

在银行与政府关系中，由于过去行政隶属关系的沿革，政府习惯干预银行经营，银行习惯依托政府发展，从而限制了银行的发展，增大了银行风险。现在中央实行金融机构垂直领导，意在摆脱地方政府对银行的干预，已迈出了政府与银行分离的第一步。今后应通过规范化的所有权与经营权改革，建立银行与政府间的授权代理制关系，政府不能干预银行的日常运作。对银行的管理主要通过金融监管机构按监管程序进行，从制度上切断政府对银行的干预与银行对政府的依赖，为银行自主经营创造良好的外部环境。

2. 银行与企业

对于银行、企业关系，在 1998 年韩国金融危机前，中国有一种推行韩国大企业集团以及主办银行制度倾向，金融危机使人们对这种模式的危害有了更清醒的认识。这种银企紧密型关系虽强化了银行对企业的信贷支持，但弱化了银行对企业的信贷监督，极易造成企业高负债发展以及银行的不良资产增加。目前的中国银企的超稳定关系已使银行不良资产比率急剧上升，如果再推行主办银行制，那么降低银行不良资产比率的努力将告失败。银行对高风险企业的支持本身也是一种信贷资源浪费，将使银行失去对有前途的行业与企业的支持，丧失发展机遇。因此国家在金融改革中应把银企关系作为决定金融稳定的重要环节，从立法上把银企关系加以适当隔离，限制双方以股权投资、人事结合等方式对对方施加影响，将银企关系限定为市场经济条件下的信贷联系以及由此引发的信贷监督，并辅之以一系列金融监管措施，如对单个企业的信贷限额来限制银企关系发展，以防止银企关系的紧密发展引发银行信贷危机。

## 二、中国金融发展政策选择

### （一）强化金融监管体系与金融调控体系建设

鉴于 1997 年亚洲金融危机中东南亚各国金融监管体系所暴露的问题，在进一步推进金融开放之前，有必要强化金融监管体系建设，以化解金融风险。

目前中央已从制度上建立了与金融分业经营相适应的分类金融监管机构，下一步的主要工作是以风险监管为重点确立金融监管程序和具体监管制度，组建金融预警分析系统，提高对金融风险的预报与快速反应能力。尤其是随着金融开放和管制放松的推进，必将有大量外资银行进入中国金融市场，本国金融机构的竞争也日趋激烈，金融创新将日新月异，监管与规避监管的矛盾日益突出。金融监管机构如何从过去的行政管制模式过渡到按国际惯例进行监管活动将是对金融监管水平的重大考验。金融监管机构应针对金融创新活动及时制定有效的监管办法，提高监管效率和透明度，对中外金融机构一视同仁地行使监管职能，防止金融风险的扩散。为了化解银行的巨额不良资产，应成立资产清理信托公司，购买商业银行的不良资产，进行重组和出售。同时建立规范化的市场退出制度，强化对金融机构的纪律约束，防止金融风险的累积。为了制止由此引发的金融恐慌蔓延，应建立存款保险公司。该公司的立足点是保护中小储户，而不是变相替代政府成为金融机构的保护者，它对金融机构的援助应限于补充其流动性，对陷入清偿性危机的银行，应赋予其广泛处置金融机构的权利，负责接管、处置金融资产，以尽可能减轻对金融体系的冲击。

中国人民银行应强化宏观调控体系的机制建设，以应付金融开放条件下各种金融风险的冲击，为经济发展营造良好的金融环境。目前的中国人民银行货币政策工具不仅行政管制手段居多，而且缺乏弹性，对宏观经济调控力度有限；对新的金融业务，如住房贷款、信用卡透支等缺乏有针对性的选择性政策工具。因此一方面中国人民银行要大力推进金融市场发展，为货币政策工具的实施创造良好的市场机制；另一方面中国人民银行主动适应金融发展需要，结合中国的金融实际，建立以间接调控为主，货币政策工具种类齐全的金融调控体系。

### （二）进行银行经营机制和所有权的改造

要想适应金融发展的需要，降低金融风险，需要金融机构具备较强的竞争力，为此必须进行金融机构经营机制和所有权的改造，形成较为健全的治理结构，以强化其自我发展和自我约束的能力。由于近年来银行经营机制改革不到位，许多银行背上了沉重的不良资产包袱，经营状况不断恶化。为此首先要理顺银行与政府之间的关系，取消各级政府对银行经营活动的干预。同时银行内部也要健全约束机制与风险控制机制，降低经营成本和信贷风险。通过借鉴国外金融机构管理经验，建立符合现代金融业发展要求的金融运作体制，转变经营发展观点，通过发展金融信息技术和加强金融创新能力来提高金融竞争力，实现金融业由粗放经营型向集约效益型的转变。

### （三）大力发展金融市场

金融市场的完善不仅能提高融资效率，而且为中国人民银行货币政策创造了实施的条件。应建立一个金融工具多样化，依法管理、有序竞争的金融市场体系，以提高资金的配置效率。金融市场包括完善的货币市场，实现了利率市场化，成为金融机构资金配置的主渠道；资本市场要以自身稳健的发展和市场规模的扩张成为中长期资金融通的主渠道；外汇市场要通过放宽外汇交易限制，扩大交易规模，形成一个稳定的汇率机制，逐渐实现汇率市场化；同时，基本形成开放的保险市场。

为了保证金融市场有序、稳定发展，国家应加强金融监管力度，加快金融市场法规体系的完善进程，保证金融监管的公平、透明与有效。同时建立与金融市场发展相配套的会计、审计、信息咨询、信用评估、产权交易和资产托管等中介服务机构，形成完整的金融市场体系。

### （四）改革利率管理体制

在国家银行的信用垄断地位逐渐削弱并逐渐向普通信用中介地位回归、借贷主体向多元化方向发展、借贷方式和手段日益增多的背景下，传统的高度集中的利率管制方式已经失去了存在的基础，中国人民银行已不可能像以往那样控制住利率。事实上，证券市场的债券、国债与回购业务均已实现了利率市场化。非银行金融机构的融资利率也在很大程度上实现了市场化。利率自由化的关键在于银行存、贷款利率的市场化。为此要在市场资金比较宽松、市场机制比较健全、金融机构经营能力和风险能力有一定提高时逐步放松对利率的管制。这一进程一般要持续 10 ～ 15 年时间。

目前，金融市场形势平稳，通货膨胀率较低，资金较为充足，已初步具备了利率市场化改革的条件。

1. 实现短期货币市场利率自由化

要以推行货币市场发展为契机，全面实现短期货币市场利率自由化。目前同业拆借利率已实现了市场化，国债拍卖利率也进行了市场化尝试。在此基础上，中国人民银行要在货币市场上引入更多的中短期金融工具，以拓宽银行融资渠道，并全面实现市场化。为了提高利率的稳定性，中国人民银行应采用公开市场操作方式平抑利率变动，以此引入公开市场货币政策工具。

2. 实现再贴现利率与再贷款利率自由化

中国人民银行实现再贴现利率与再贷款利率的自由化，以此作为货币政策工具来调节银行短期融资成本，进而调控银行信贷总额，形成以再贴现利率与再贷款利率为基准的市场利率体系。

3. 实现贷款利率自由化

先放宽银行贷款浮动幅度，允许短期贷款利率由银行自主确定，取消所有差别优惠利率。在贷款利率自由化初期，应维持对存款利率的限制，适当保持一定的存、贷款利差，防止银行因利率市场化而发生亏损，以保证利率改革的顺利进行。

4. 实现存款利率自由化

首先实现企业存款的利率自由化，其次实现储蓄一年期以内存款的利率自由化，最后实现中长期储蓄利率自由化，至此全部实现利率自由化。为了防止金融机构的利率大战引发利率风险，可由中国人民银行协助银行同业公会确定存款利率上限，通过逐步调整的方式依次实现利率自由化。

**（五）进行外汇及汇率体制改革**

在实现经常项目可兑换后，应根据经济实际发展程度，完善资本项目的管理，在恰当的时机推行资本项目的可兑换改革。

1. 完善资本项目管理

实施经常项目可兑换后，许多资本项目管理办法还有待完善，如对资本项目管理的对象、分类标准、管理范围还有待向国际惯例靠拢，对资本流动监控能力还有待提高，同时也需要时间熟悉国际资本流动特点和各种金融工具的风险、流动和收益性。因此，有必要对资本项目管理制度进行修改和完善，以便更好地推进资本项目可兑换进程。

2. 逐渐放宽对外汇市场交易限制

实现汇率市场化，逐步放宽对最高持汇规模的限制。允许有外汇业务权而无外汇经营权的金融机构进行外汇自营业务，与国有银行一样核定其持汇规模，允许他们进入银行间外汇市场。放宽对企业持汇的限制，给予具备一定条件的大企业、企业集团一定的持汇规模或允许其直接进入外汇市场。逐步放宽汇率浮动幅度的限制，向浮动汇率过渡。进一步规范入市、交易、结算的管理和监督机制，防止过度的市场投机行为，开展远期外汇交易，增加交易品种，以降低市场波动。

在放宽对外汇市场的管制过程中，中国人民银行应加强市场宏观管理，促进外汇市场规范化、法律化、秩序化和国际化。中国人民银行应密切关注外汇市场变化，对单方面转移仍要采取比较严格的限制，以防止可能出现的抢汇和逃汇行为。中国人民银行要逐渐建立外汇市场间接调控机制，通过中和政策来稳定外汇市场。同时保留部分在非常状况下使用的对外汇市场和交易进行直接管制的行政和法律手段。

3. 改革外汇管理体制

向自愿结汇制过渡，这样既避免了外汇储备过多导致外汇占款过多、通货膨胀压力加大的局面，又向资本账户自由化前进了一步。

4. 分阶段实现资本账户自由化

外汇市场和汇率机制逐渐完善后，在宏观经济形势稳定和外汇储备充足时可以逐步推进资本账户自由化改革。这一进程可持续 10 ～ 15 年。

第一阶段是长期与短期资本交易的自由化。在这一阶段首先应实现长期资本交易自由化，其次实现有真实交易背景的短期资本交易自由化，最后实现居民国外资本交易和非居民国内资本交易自由化。第二阶段是与资本交易有关的金融服务和外汇兑换的自由化。在这一阶段应先使与资本交易有关的金融服务自由化，然后顺次安排有实际需求的外汇交易自由化。第三阶段实现无交易背景的金融服务和外汇兑换的自由化。至此，解除了金融开放的最后障碍，在条件成熟的基础上可实现金融国际化。

### （六）实现中国金融国际化

1. 中国金融市场国际化

中国金融市场国际化不仅要向国外开放中国金融市场，而且要在不断完善的基础上扩大国际影响，最终使中国的金融中心，如上海，成为远东乃至世界重要金融中心之一。

在金融开放顺序上，要先对外资金融机构开放货币市场和信贷市场，然后开放保险市场，最后开放证券市场。这样的安排主要考虑开放前三类金融市场对本国经济冲击不大，且投机性不强，而在中国证券市场还处于高投机状态时，完全放开证券市场只会加重投机氛围。只有在证券市场运作比较规范，监管制度比较完善，有了比较大的市场容量时才能考虑放开证券市场。初期应考虑放开对外国投资基金和证券机构的市场准入限制，然后逐渐放开对可交易的品种和股权限制，最终实现完全自由化。

为了减少外资金融机构冲击的不利影响，中国应调整外资金融机构分布布局，将金融活动集中于主要金融中心城市，并以此为依托创立国际金融中心，同时根据金融实力和风险程度分类，实行差别的监管政策和业务范围管制。这样，既可与世界贸易组织《服务贸易总协定》的金融开放要求相一致，也可根据中国金融市场的开放程度和各地的承受能力渐次实现金融开放的目的。

在金融市场国际化的基础上，再逐步形成国际金融中心。由于中国整体经济、金融实力的制约，在未来 20 年内还无法实现全面金融国际化格局，只能选择离岸金融中心模式建立国际金融中心。在区域内实行金融高度自由化，资金自由进出；但对区域外的金融业务仍应维持一定限制。只有当中国金融真正实现国际化时，再解除这些限制。

要选择这样离岸金融中心，一是要有地理优势和政策优惠，国内具备这样条件的地方较多，如上海、深圳、海口；二是区域内金融机构集中，已成为国内金融中心，具有较大的金融辐射能力，并很可能成为区域性金融中心，金融发展潜力较大，如上海。目前上海金融业经过十多年的发展，已基本具备了建立国际金融中心的条件，再加上中央政策的倾斜，完全有可能最先成为区域性金融中心。但也应看到，上海的金融规模，除证券市场、外汇市场有全国的辐射能力外，在其他方面如存贷款额总量同国内其他地区相比并无优势，而证券市场与外汇市场更多是政策倾斜的结果。因此，上海金融中心的建设必须突出特色。在资本市场与货币市场发展受国家总体发展状况影响较大的情况下，上海的金融开放在此方面并无多大作为。上海的金融中心建设应主要以吸引外资金融机构从事离岸金融业务为突破口，逐渐形成规模优势。然后逐渐扩大业务范围和地域限制，最终使上海成为真正的金融中心。单就离岸金融中心本身的优惠政策吸引力而言，上海同香港、新加坡、东京等金融中心相比并无优势，而且总体金融水平还稍逊于这些城市。上海独特的优势就是飞速发展的中国经济和金融发展的巨大潜力对外资金融机构的吸引力。如果长时期将外资金融机构排斥于中国金融市场之外去从事离岸金融业务，则对外资金融机构并无多大吸引力。因此上海的离岸金融中心建设必将选择有限度隔离的模式，并力争缩短这一进程，上海要以伦敦、纽约等全球性实力型金融中心为追赶的最终目标。上海首先要确立其在全国的金融中心地位，其次扩大对周边国家的辐射能力，最后成为亚太地区重要的金融中心。一般国际新业务先在离岸金融中心试行，一旦经济、金融环境成熟，就在上海中资金融机构中推广，允许外资金融机构从事相应的本币金融业务。这样既能逐渐提高中国金融业的水平，又不至于因开放步伐过快而造成经济动荡。

2. 中国金融机构国际化

中国金融机构国际化要求中国金融机构走向国际金融市场，广泛参与国际金融竞争，不仅要成为中国吸引外资的对外金融中介机构，更要成为金融机构新的利润增长点。目前，中国金融机构海外分支机构的数量相当可观，在中国对外融资方面发挥着十分重要的作用。但在盈利能力与竞争力方面与国外著名金融机构相比还有一定差距，相当一部分金融机构信贷资产质量不高，内部管理混乱，1999 年初破产的广东国际信托投资公司就是此方面的典型。为此，中国金融机构的海外分支机构一定要按国际惯例完善资产负债管理，完善风险管理控制措施，强化授信业务的控制管理。同时实现金融业务国际化，要在充分吸收国外金融技术、发展经验基础上强化金融创新能力，逐步使中国金融机构竞争力达到国际一流水准，实现真正的国际化经营目标。

3. 人民币国际化

人民币国际化是中国金融发展的最高目标。随着中国经济实力的不断增强和金融开放范围的不断扩大，人民币有必要走出国门，成为世界主要的支付手段和储备货币。

人民币能否成为国际化货币，取决于国际社会对人民币的需求和中国政府对人民币国际化的推动。国际社会对人民币的需求主要取决于中国经济的实力、开放度和进出口贸易规模。

衡量人民币国际化水准主要从 4 个方面来考察：人民币在国际贸易支付中所占的比重；人民币在国际借贷活动中所占的比重；人民币在国际投资中所占的比重；人民币在世界储备总额中所占的比重。为推进人民币国际化进程，首先要在对外贸易中使用人民币结算，特别是鼓励出口企业采用人民币结算，以扩大人民币在贸易领域的使用范围。其次是扩大对外投资中使用人民币计价范围，特别是中国对外援助资金应一律采用人民币计价和结算。最后推行中国金融机构在对外借贷活动中使用人民币计值，尤其在对外贷款中多使用人民币，特别是港、澳的金融机构应以人民币作为经营业务的主要使用货币，以此扩大人民币使用范围。

人民币成为储备货币，不仅将获得可观的发行利润，而且在扩大贸易、减轻外汇储备压力方面都将发挥积极作用。因此，中国应积极推动人民币国际化进程。但人民币国际化也要求国内开放金融市场，承受资金流动的巨大压力。人民币成为储备货币要以人民币持续逆差为代价，而这将影响人民币的稳定，妨碍人民币储备货币作用的发挥。如何摆脱储备货币的两难困境将是人民币国际化有待解决的问题。从长期看，要提高人民币的国际地位，必须以中国经济稳定增长、综合国力不断提高、金融开放范围不断扩大、广泛参与国际金融合作为前提，逐渐扩大人民币在国际经济中的使用范围，最终实现人民币国际化。

**（七）必须推动经济政策的转型**

包括长期稳定的低利率货币政策和低税负甚至零税负的财政政策，促进资本市场需求的持续稳定增长。从美国经验来看，充分考虑资产价格的货币政策大大提高了美国经济的金融化程度，极大地增强了资本市场对经济的影响力，进一步强化了资本市场在全球的支配能力。

通过金融特别是资本市场的竞争来提升美国经济竞争力的美国式金融战略

值得我们研究和借鉴。中国的货币政策既应该关注居民消费价格指数的变化，也要重视金融体系结构性变革和资本市场的持续稳定发展。长期稳定的低利率货币政策是非常关键的要素，货币政策不能成为资本市场发展的阻碍力量。财政政策方面，未来几年不应开征针对二级市场投资行为的资本利得税，否则试图通过疏导需求而使新增资金源源不断地进入资本市场以实现供求动态平衡的目标不可能实现，市场必然又回到停滞不前的状态。

# 参考文献


[1] 马中，周月秋，王文．2018 中国绿色金融发展研究报告 [M]．北京：中国金融出版社，2018．

[2] 巩艳红．文化差异与普惠金融发展 [M]．北京：知识产权出版社，2018．

[3] 杨咸月，杨何灿．普惠金融发展之路：从排斥走向包容 [M]．上海：上海交通大学出版社，2018．

[4] 杨春柏，李辉，金彪．大数据驱动下的新金融发展研究 [M]．北京：科学技术文献出版社，2018．

[5] 张晓凤．普惠金融：金融深化改革进程中的中国实践 [M]．上海：上海交通大学出版社，2018．

[6] 李小丽．金融学 [M]．西安：西安电子科技大学出版社，2018．

[7] 权衡．收入分配经济学 [M]．上海：上海人民出版社，2017．

[8] 应宜逊．地方金融发展探索 [M]．杭州：浙江工商大学出版社，2017．

[9] 桂立．金融发展与中部崛起：理论、实证和政策 [M]．武汉：武汉大学出版社，2017．

[10] 邵明波．法律保护、投资者选择与金融发展 [M]．北京：中央编译出版社，2017．

[11] 高晓燕，郭德友．金融学 [M]．北京：中国金融出版社，2017．

[12] 赵小克，李惠蓉，房裕．金融发展对经济增长的传导机制研究：以甘肃省为例 [M]．徐州：中国矿业大学出版社，2017．

[13] 倪淑慧．金融发展过度的美国 [M]．北京：知识产权出版社，2016．

[14] 杜朝运．普惠金融发展的理论与实践 [M]．厦门：厦门大学出版社，2016．

[15] 李靖．区域经济与金融发展若干问题研究 [M]．北京：中国经济出版社，2016．

[16] 康华平. 国家安全视角下的金融发展与改革 [M]. 北京：中国金融出版社，2016.

[17] 王胜邦. 后危机时期的经济增长与金融发展 [M]. 北京：中国金融出版社，2016.

[18] 张承惠，陈道富. 我国金融监管架构重构研究 [M]. 北京：中国发展出版社，2016.

[19] 赵岳. 新金融监管政策设计与评估 [M]. 北京：中国金融出版社，2016.

[20] 周高雄. 金融发展探索 [M]. 北京：中国金融出版社，2015.

[21] 郑志. 金融全球化下的中国金融监管体制改革与创新 [M]. 北京：中国法制出版社，2016.

[22] 许黎惠. 基于市场导向的环境金融发展研究 [M]. 北京：中国金融出版社，2015.

[23] 陈红. 开放经济条件下的金融监管与金融稳定 [M]. 北京：中国金融出版社，2014.

[24] 李宏. 动态前瞻性金融监管研究 [M]. 长春：东北师范大学出版社，2015.

[25] 史晋川，何嗣江. 区域金融发展战略 [M]. 杭州：浙江大学出版社，2014.

[26] 王胜邦. 国际金融危机与金融监管改革 [M]. 北京：中国金融出版社，2013.

[27] 田卫民，张明艳，刘超. 中国金融发展的收入分配效应 [M]. 北京：中国金融出版社，2013.

[28] 孙力军. 金融发展与经济增长：基于中国转型期的实证研究 [M]. 上海：立信会计出版社，2012.

[29] 丁建臣，柴艳茹. 金融监管案例教程 [M]. 北京：中国金融出版社，2012.

[30] 胡苏迪. 金融发展与经济增长的统计检验 [J]. 统计与决策，2018（12）：160-163.

[31] 王大伟. 我国金融发展与经济增长的关系分析 [J]. 产业与科技论坛，2018（15）：17-18.

[32] 袁娟. 绿色金融实践与创新研究 [J]. 合作经济与科技，2018（15）：58-60.

[33] 刘钰俊. 绿色金融发展现状、需关注问题及建议 [J]. 金融与经济，2017（01）：76-78.

[34] 郭利华，任姝雯，吴本健. 民族地区的金融发展与金融抑制：基于结构的视角 [J]. 经济研究参考，2017（43）：58-68.

[35] 年志远，贾楠. 互联网金融监管与传统金融监管比较 [J]. 学术交流，2017（01）：117-122.

[36] 马乐婧. 绿色金融发展与创新分析 [J]. 经贸实践，2016（16）：76.